悦·读人生

On Epicurus
伊壁鸠鲁

[美] 诺尔曼·李莱佳德（Norman Lillegard）◎著
王　利◎译

清华大学出版社
北京

北京市版权局著作权合同登记号 图字01-2018-2299号

On Epicurus
Norman Lillegard

Copyright © 2014 by Wadsworth, a part of Cengage Learning.

Original edition published by Cengage Learning. All Rights Reserved. 本书原版由圣智学习出版公司出版。
版权所有，盗印必究。

Tsinghua University Press is authorized by Cengage Learning to publish and distribute exclusively this simplified Chinese edition. This edition is authorized for sale in the People's Republic of China only (excluding Hong Kong, Macao SAR and Taiwan). Unauthorized export of this edition is a violation of the Copyright Act. No part of this publication may be reproduced or distributed by any means, or stored in a database or retrieval system, without the prior written permission of the publisher.
本书中文简体字翻译版由圣智学习出版公司授权清华大学出版社独家出版发行。此版本仅限在中华人民共和国境内（不包括中国香港、澳门特别行政区及中国台湾）销售。未经授权的本书出口将被视为违反版权法的行为。未经出版者预先书面许可，不得以任何方式复制或发行本书的任何部分。

Cengage Learning Asia Pte. Ltd.
151 Lorong Chuan, #02-08 New Tech Park, Singapore 556741

本书中文译文为中华书局许可使用。
本书封面贴有 Cengage Learning 防伪标签，无标签者不得销售。
版权所有，侵权必究。举报：010-62782989，beiqinquan@tup.tsinghua.edu.cn。

图书在版编目（CIP）数据

伊壁鸠鲁/（美）诺尔曼·李莱佳德（Norman Lillegard）著；王利译. —北京：清华大学出版社，2019
（2021.11 重印）
（悦·读人生）
书名原文：On Epicurus
ISBN 978-7-302-52548-6

Ⅰ. ①伊… Ⅱ. ①诺… ②王… Ⅲ. ①伊壁鸠鲁（Epikouros 前341-前270）—哲学思想—思想评论 Ⅳ. ① B502.31

中国版本图书馆 CIP 数据核字（2019）第 047122 号

责任编辑：刘志彬
封面设计：李召霞
责任校对：王荣静
责任印制：丛怀宇

出版发行：清华大学出版社
　　　　　http://www.tup.com.cn
地　　址：北京清华大学学研大厦 A 座
邮　　编：100084
社 总 机：010-62770175
邮　　购：010-62786544
投稿与读者服务：010-62776969，c-service@tup.tsinghua.edu.cn
质量反馈：010-62772015，zhiliang@tup.tsinghua.edu.cn

印 装 者：三河市东方印刷有限公司
经　　销：全国新华书店
开　　本：148mm×210mm
印　　张：5.375
字　　数：98 千字
版　　次：2019 年 5 月第 1 版
印　　次：2021 年 11 月第 2 次印刷
定　　价：35.00 元

产品编号：077072-01

伊壁鸠鲁

伊壁鸠鲁（Epicurus，公元前341—前270），古希腊哲学家，伊壁鸠鲁学派创始人。生于撒摩斯岛，18岁搬到雅典，之后曾去过小亚细亚，前307年开始在雅典建立学园"花园"教学，开创了自己的学派，被人称为"花园哲学家"。

伊壁鸠鲁提出快乐主义的道德理论，探求个人心灵安宁和人生目的。认为快乐是人生的目的，是天生的最高的善。解除对神灵和死亡的恐惧，节制欲望，远离政事，审慎地计量和取舍快乐与痛苦的事物，达到身体健康和心灵的平静，才是生活的目的。其哲学与苏格拉底、柏拉图最大的不同在于，伊壁鸠鲁强调远离责任和社会活动。

内容简介

本书主要按照不同的内容,以"自然""知识、灵魂和自由""快乐""欲望的种类""审慎与幸福""友谊与正义"和"治疗哲学"等为主题,介绍伊壁鸠鲁的思想,并在最后介绍了伊壁鸠鲁思想对后世的影响。

总序

贺麟先生在抗战时期写道:"西洋哲学之传播到中国来,实在太晚!中国哲学界缺乏先知先觉人士及早认识西洋哲学的真面目,批评地介绍到中国来,这使得中国的学术文化实在吃亏不小。"[①]贺麟先生主持的"西洋哲学名著翻译委员会"大力引进西方哲学,解放后商务印书馆出版的《汉译世界学术名著》的"哲学"和"政治学"系列以翻译引进西方哲学名著为主。20世纪80年代以来,三联书店、上海译文出版社、华夏出版社等大力翻译出版现代西方哲学著作,这些译著改变了中国学者对西方哲

---

① 贺麟. 当代中国哲学. 上海:上海书店,1945:26.

学知之甚少的局面。但也造成新的问题：西方哲学的译著即使被译为汉语，初学者也难以理解，或难以接受。王国维先生当年发现西方哲学中"可爱者不可信，可信者不可爱"，不少读者至今仍有这样体会。比如，有读者在网上说："对于研究者来说，原著和已经成为经典的研究性著作应是最该着力的地方。但哲学也需要普及，这样的哲学普及著作对于像我这样的哲学爱好者和初学者都很有意义，起码可以避免误解，尤其是那种自以为是的误解。只是这样的书还太少，尤其是国内著作。"这些话表达出读者的迫切需求。

为了克服西方哲学的研究和普及之间的隔阂，清华大学出版社引进翻译了国际著名教育出版巨头圣智学习集团的"华兹华斯哲学家丛书"（Wadsworth Philosophers）。"华兹华斯"是高等教育教科书的系列丛书，门类齐全，"哲学家丛书"是"人文社会科学类"中"哲学系列"的一种，现已出版88本。这套丛书集学术性与普及性于一体，每本书作者都是研究其所论述的哲学家的著名学者，发表过专业性很强的学术著作和论文，他们在为本丛书撰稿时以普及和入门为目的，用概要方式介绍哲学家主要思想，要言不烦，而又不泛泛而谈。因此这套书特点和要点突出，文字简明通俗，同时不失学术性，或评论哲学家的是非得失，或介绍哲学界的争议，每本书后还附有该哲学家著作和重要第二手研究著作的书目，供有兴趣读者作继续阅读之用。由于这些优点，这套丛书在国外是不可多得的哲学畅销书，不但是哲学教科书，而且是很多哲学业余爱好者的必读书。

"华兹华斯哲学家丛书"所介绍的，包括耶稣、佛陀等宗教创始人，沃斯通克拉夫特、艾茵·兰德等文学家，还包括老子、庄子等中国思想家。清华大学出版社从中精选出中国人亟须了解的主要西方哲学家，以及陀思妥耶夫斯基、梭罗和加缪等富有哲思的文学家和思想家，以飨读者。清华大学出版社非常重视哲学领域，引进出版的《大问题：简明哲学导论》等重磅图书奠定了在哲学领域的市场地位。这次引进翻译这套西文丛书，更会强化这一地位。现在越来越多的人认识到，在思想文化频繁交流的全球化时代，没有基本的西学知识，也不能真正懂得中华文化传统的精华，读一些西方哲学的书是青年学子的必修课，而且成为各种职业人继续教育的新时尚。清华大学出版社的出版物对弘扬祖国优秀文化传统和引领时代风尚起到积极推动作用，值得赞扬和支持。

张世英先生担任这套译丛的主编，他老当益壮，精神矍铄，认真负责地选译者，审译稿。张先生是我崇敬的前辈，多年聆听他的教导，这次与他的合作，更使我受益良多。这套丛书的各位译者都是学有专攻的知名学者或后起之秀，他们以深厚的学养和翻译经验为基础，翻译信实可靠，保持了原书详略得当、可读性强的特点。

本丛书共44册，之前在中华书局出版过，得到读者好评。

我看到这样一些网评:"简明、流畅、通俗、易懂,即使你没有系统学过哲学,也能读懂";"本书的脉络非常清晰,是一本通俗的入门书";"集文化普及和学术研究为一体";"要在一百来页中介绍清楚他的整个哲学体系,也只能是一种概述。但对于普通读者来说,这种概述很有意义,简单清晰的描述往往能解决很多阅读原著过程中出现的误解和迷惑";等等。

这些评论让我感到欣慰,因为我深知哲学的普及读物比专业论著更难写。我在中学学几何时曾总结出这样的学习经验:不要满足于找到一道题的证明,而要找出步骤最少的证明,这才是最难、最有趣的智力训练。想不到学习哲学多年后也有了类似的学习经验:由简入繁易、化繁为简难。单从这一点看,柏拉图学园门楣上的题词"不懂几何者莫入此门"所言不虚。我先后撰写过十几本书,最厚的有八九十万字,但影响最大的只是两本30余万字的教科书。我主编过七八本书,最厚的有100多万字,但影响最大的是这套丛书中多种10万字左右的小册子。现在学术界以研究专著为学问,以随笔感想为时尚。我的理想是写学术性、有个性的教科书,用简明的思想、流畅的文字化解西方哲学著作烦琐晦涩的思想,同时保持其细致缜密的辨析和论证。为此,我最近提出了"中国大众的西方哲学"的主张。我自知"中国大众的西方哲学,现在还不是现实,而是一个实践的目标。本人实践的第一步是要用中文把现代西方哲学的一些片段和观点讲得清楚明白"①。欣闻清华大学出版社要修订再版这套译丛,每本书都是讲得清楚明白的思想家的深奥哲理。我相信这套丛书将更广泛地传播中国大众的西方哲学,使西方哲学融合在中国当代思想之中。

赵敦华
2019 年 4 月

---

① 详见赵敦华. 中国大众的现代西方哲学. 新华文摘,2013(17):40.

目录 Contents

总序

001 | 导论

1 005 | **自然**
物体、原子和空间 / 006
派生的诸存在 / 009
原子的各种运动和偏离 / 010
原子中的最小者 / 013
诸神 / 015

2 017 | **知识、灵魂和自由**
感觉和伊壁鸠鲁派 / 019
伊壁鸠鲁派的问题 / 022
预先图式 / 023
确认、否认和一贯性 / 024

机械论和目的论的解释 / 028

灵魂 / 031

自由意志和偏离 / 037

3 041 | 快乐

快乐和痛苦 / 042

心理的和规范的享乐主义 / 044

起源论证和享乐主义 / 045

与"起源论证"有关的问题 / 049

快乐和痛苦的种类 / 053

4 059 | 欲望的种类

天生的欲望 / 061

空洞的欲望 / 064

自然欲望和幸福 / 067

结论 / 069

5 071 | 审慎与幸福

亚里士多德 VS. 伊壁鸠鲁论审慎 / 072

伊壁鸠鲁的工具理性 / 074

避免精神痛苦 / 078
对死亡的恐惧 / 080
关于恐惧死亡的对话 / 082
一些结论 / 086

6 089 友谊与正义

友谊和快乐
伊壁鸠鲁的快乐观念和友谊观念 / 092
享乐主义的困境 / 094
友谊和脆弱 / 095
正义和相互有利 / 096
伊壁鸠鲁和金指环 / 097

7 101 治疗哲学

伊壁鸠鲁式的性疗法 / 104
融合与施虐 / 107
灵魂的药 / 108
爱的另一面 / 112
爱、友谊和精神安宁：伊壁鸠鲁疗法的内在张力 / 113

8　117 | 伊壁鸠鲁的遗产

对伊壁鸠鲁思想内在张力的概述 / 119
文艺复兴中的伊壁鸠鲁派 / 124
激进的启蒙主义 / 129
19 世纪 / 132
功利主义的享乐主义 / 135
克尔恺廓尔的"A"：一个纯粹的伊壁鸠鲁方案 / 140
结论 / 143

缩略语 / 147

参考书目 / 151

On Epicurus ———— 导论

柏拉图辞世后大约七年（公元前347或348年），伊壁鸠鲁出生于希腊撒摩斯岛（也是毕达格拉斯的出生地）。柏拉图的世界和城邦的世界让位于由伟大的亚历山大创建的帝国时代，后者将希腊文化传播得更为深远。伊壁鸠鲁在一个新时代——希腊化时代中成长起来，这一时期大致始于亚历山大去世的公元前323年，延续到罗马统治时期，后者尤以公元前31年的亚克兴战役为起始标志。

希腊化时期的新政治结构是更为广泛的文化变革的特征之一或原因之一。柏拉图和亚里士多德都认为，最好的人类生活需要积极参与城邦（Polis），一种相对较小而且封闭的城邦。但城邦在这一时期的重要性逐渐衰落，早期的理想为世界主义和个人主义所取代。亚历山大以前的希腊社会当然有它自己的批评者和个人主义者，但它的主导思潮却倾向于亚里士多德的观点，即把人看作"政治"动物。

在这个意义上，伊壁鸠鲁自己的观点是个人主义的，他并不认为对人而言最好的生活是像柏拉图和亚里士多德构想的那种公共生活。实际上，他认为公共生活是使人们更加悲惨的众多错误信念的源头。所以个人满足必将是生活的目的。他与下面将要论及的其他希腊化思想家持有相同的观点。虽然他所创建的学园有多所，但却不卷入任何政治纷争。

伊壁鸠鲁拒绝了他的早期老师帕母菲鲁斯（Pamphilus）的柏拉图主义，也疑虑德谟克利特主义教师诺斯范南斯（Nausiphanes）的观点，他甚至感到可以宣布自己完全是自我教育而成的。他31岁时在莱斯博斯岛创办了一家学园，稍后在兰普萨库斯创办了第二家，此地位于现在的土耳其海岸上。当他和一些追随者于公元前307年来到雅典时，那些学园依然存在。在雅典他建立了"花园"（Garden），一所坐落于城墙之外他所购买的土地上的学园。

之后，伊壁鸠鲁一直在雅典生活、教书、写作。他欢迎男女两性和各种阶层的人包括奴隶来到学园，而且不收任何学费。根据许多记载，他很和善、慷慨，对学生就像朋友而不是下属。那些学生表现出强烈的个人忠诚，以至于伊壁鸠鲁学派在某种程度上看上去像是私人信徒。在他去世很久后，仍旧被追随者如罗马哲学家、诗人卢克莱修（公元前98—前55年）顶礼膜拜。卢克莱修用这些句子来颂扬伊壁鸠鲁:"是你第一个在这样的黑暗中/高高举起如此明亮的火炬/是你最先照亮了生命的幸福目标/是你引导我,你,希腊人的荣光!……你是我们的父亲,你是真理的发现者/你给我们以一个父亲的告诫……"(Luc.iii,1-10)。

伊壁鸠鲁和一些主要追随者的文本开始形成一种正统教义,以几近宗教经文的形式被阅读和讨论。在公元前271年去世之后,他的思想在广大的地中海地区至少流传了500年。伊壁鸠鲁思想对现代历史的持久影响将在后文详述(第八章)。

据说伊壁鸠鲁写了300多卷作品,包括一个长篇多卷本著作《论自然》,但仅有它的一些残片保留下来。还有三封信笺,核心著作的一个简短合集以及一些其他残片。来自各方的现存著作和残片可以在一个晚上通读一遍。但通过学习他的现存作品以及稍后那些伊壁鸠鲁学派的支持者、反对者,尤其是卢克莱修的东西,重新把握伊壁鸠鲁的思想还是可能的。

伊壁鸠鲁的思想被总结为首先是要实践一种哲学治疗,以把人们从遍布于通往满足途中的错误信念和扭曲性情中解救出来。其中一些信念还不能不关系到世界或宇宙的构成、诸神的本性以及灵魂的性质等。所以在他看来,对物理学或自然的研究首先对正确的指导生活具有重要作用,而不仅仅出于纯粹的理论兴趣。不过,他对物理学或认识论的看法,有时候还是精巧的,确实有独立的旨趣。在阐释这些观点的过程中,我试图把握他们的内在旨趣和伦理意义。

1

On Epicurus ——— 自然

物体、原子和空间

"物理世界就是一切,它存在,或曾在,或将在。"20世纪物理学家卡尔·萨根(Carl Sagan)曾以如此精炼的评论来告诫他的电视观众,而公元前4世纪的物理学家伊壁鸠鲁肯定会予以热情的赞同。二者都被恰当地描述成唯物论者。但做唯物论者不止一个方式,伊壁鸠鲁认为世界的物质构成存在并形成于"空间",所以空间本身即使不包含物体或任何种类的物质,仍然是真实的。这两样东西:物体、空间或虚空,就是一切。不可能存在其他任何东西(LH, 39-40)。萨根和伊壁鸠鲁也都拒绝目的论意义的解释。他们或多或少都将世界看成一个机械过程,而不是像柏拉图、亚里士多德和绝大多数宗教信徒那样，把世界看成是朝向某些宏大方案或模式实现奋进的过程。

伊壁鸠鲁的物理学或自然哲学，是德谟克利特（公元前460—前370年）原子论的发展。他们二人都相信物体源于原子，空间不过是物体的不在场或仅仅是物体间关系的一个特征。

前苏格拉底哲学家巴门尼德认为，在逻辑或概念的基础上，存在（what is）不能（1）生成，或（2）脱离存在。伊壁鸠鲁大约持有相近的但据称是经验基础上的观点（参见 Luc. i, 159；LH, 40-41）。可观察到的自然的规则过程不包括无中生有的突然变化，所以（1）肯定正确。如果事物能够脱离存在，那么，假设某一过去时间能够无限持久（伊壁鸠鲁作出的一个引发争议的假设），那么现在将什么都没有。即使每百万年间只有一个存在物脱离存在，最后一切都将消失，因为根据（1），没有任何新物体代替那些脱离存在的东西，可是经验当然确证仍旧有许多东西的存在，所以（2）肯定正确。

很显然，从经验看来，存在着巴门尼德曾经否定过的变化。比如一个人能从一个地点移动到另外地点。但是位置上的变化需要该变化得以发生于其中的某些东西，即空间。

因为很清楚，物体（人群、树木、星宇等）会生成和分解，那么肯定在一些基础层面上存在某种物体，它不会在任何情况下脱离存在。在最基础层次上存在的就是原子。原子不会脱离存在。如果他们会，那么正如上面所讨论的那样，现在不会有任何东西存在。

因为存在无限多的原子，所以也存在无限多的世界（LH, 40）。

原子被看成是不可分的（希腊语"原子"意味着"不可切分"）和不变化的，除非和位置有关。他们具有重量、形状和运动，而没有其他任何属性。重量、尺寸和形状是多样的。形状的多样性在解释相似物体的多样性（树林、人群等）上尤其重要。例如，卢克莱修假设浑圆的光滑的原子解释了蜜和奶的喜人和光滑，而那些较轻的原子——并非水——能穿过角质，因为那些构成较轻的原子更纤细，或更少勾联和纠缠（Luc. ii, 381-398）。我们可以想象不同形状的原子相互连接以产生可见物体的特别样子。这些观念跟现代化学某些概念具有相当有趣的相似性。所以，为了得到水，你必须找到两个氢原子和一个氧原子，使他们连接或粘连到一起。

世界的另一个基本要素是空间（topos），当有东西在里面时称之为"地点"，没有时称之为"虚空"（kenon），还有"部分被占的地点"（chora）或称有物穿过时的"余地"（room）。正是虚空的存在，即任何物体全然不在，使得运动和变化在一般情况下可能。比如，世界的相似事物，如树林或人群，它们得以存在或脱离存在有赖于虚空和原子间的关系。虚空大约可以被看成构成更大物体的原子之间的缝隙。当缝隙变得过大或过松，物体就分离开来，要么衰落，要么死亡。

这个概念连同一些其他假设表明，除原子外所有物体，就定义而言在内部没有虚空，就他们本性而言倾向于在一些时候生成，而在另一些时候脱离存在。我们所知的世界上的物体没有永恒存在的。像灵魂这样的物体，也不会永恒。

派生的诸存在

其他可能被设想成存在的事物（颜色、对柠檬中酸味的体验、时间、思想、灵魂）被说成是次生的，因为它们的存在建立在物体或原子与空间之上。比如，时间基于变化，它仅仅是物体在空间中的运动。次生的属性，正如它们在现时代被称谓的那样，可以分成两种，一种是物体的永恒附属物（比如火带来的热，人的理性等）；另一种是偶然的附属物（比如，对人而言，感觉冷和棕色头发等（LH，68-72））。这些属性本身就是物体或在本性上就是物理的。

伊壁鸠鲁不是一个本体论上的还原论者。本体论的还原论者认为如果某类存在物 A 能够分解成某类存在物 B，那么它就不是真实的。由此现代哲学家认为，如果思想不是"世界构成"的一部分，那就是不真实的，因为它们（据说）要还原为脑和神经系统的物理状态。在这些物理状态之上，没有存在（在希腊文中是 ontos）。

虽然伊壁鸠鲁很熟悉源于德谟克利特和留基伯的原子论，但他并不像那两位一样坚持：任何存在的事物都可以在本体论上还原为原子。也就是说,他并不拒绝这种说法,比如,咬了一口柠檬而感到酸的经验是真实的,仅仅因为这种经验在原子运动的角度上能够被分析和解释。我们可以说,他是一个解释论上的还原论者,而非本体论上的还原论者。任何东西都可以在原子和虚空的意义上得到解释,但原子和虚空并非真实的一切。酸同样是真实的。灵魂是真实的,时间和热也是。相对于这些派生事物,原子和虚空并不具有本体论的优先性。

伊壁鸠鲁思想的这一特征是反怀疑论的,因为正如德谟克利特所意识到的那样,如果感觉经验没有超越原子运动的实在,我们就无法知道我们关于什么东西存在的规范观点是正确的。这个问题在下文将详细讨论,但在这里有必要指出,伊壁鸠鲁和他的其他教导者相仿,对任何形式的怀疑论的拒绝从他的伦理观点看来是根本的,从内在烦恼中获取宁静和自由的观点是关键的。虽然希腊的怀疑主义者们本身就在寻找一种宁静,但伊壁鸠鲁认为精神的纯粹安宁需要认真对待确定的知识。如果没有关于何为对错的判断,灵魂肯定不得安宁。他说,伦理努力的目的是不受干扰的灵魂。所以,我们必须证明知识是可能的。

原子的各种运动和偏离

原子一直都以相同的高速度在运动,因为在虚空中没有什么可以使他们加快和减慢（LH, 61）。毕竟没有任何东西在虚空里！不同重量的原子以相同速度滑落的观点是如此反直觉的看法，伊壁鸠鲁的很多同时代人都为之震惊，认为这是荒谬的。毫无疑问，这些思想家们同样地一定会嘲笑伽利略，因为他在伊壁鸠鲁1900年后居然还宣布不同重量的物体以同一速度坠落！

显然，那些稳定的物体，比如石头和狗，仅仅是处于复杂运动的连续模式中成组的原子。原子在将狗和石头区分开来的典型模式中相互碰撞，物体和其他物体相互作用，物体的速度由此而产生快慢变动。比如说，穿过空气的石头会比穿过水的石头速度快些，因为后者承受了更多的阻力。但是组成石头的原子和组成树或其他任何物体的原子都是一样的速度。所有的原子都以同一速度运动，因为它们仅仅穿过虚空，在那里毕竟不承受任何阻力（Luc.ii, 234-240）。

原子以同样的速度直线坠落。我们仅是认为，它们凭借重量而穿越空间，但是重量产生运动的观念自然说明了下坠。如果原子都以同样的速度运动，那么它们是如何碰撞以产生感觉上显而易见的物体呢？比如，原子A因为和原子B连接在一起而永远无法碰撞。虽然伊壁鸠鲁自己没有清楚意识到偏离的概念，对碰撞进行说明的某些类似的概念还是需要的。一个单独原子的轻微偏离，都会足以造成和其他无限多穿过空间坠落的原子相碰撞。

早期的原子论者仅仅假设原子占有空间，甚至没有伊壁鸠鲁所提供的关于重量的解释。他们还假设运动是这样的：只要碰撞出现，现象世界就能因此产生。但是，他们认为宇宙的每一个状态和在其中的一切完全被那些碰撞所决定，正像一旦首次碰撞的方向和速度被给定，台球的运动完全被决定一样。如果我们确实知道（正像我们理论上能够知道）正在运动的台球的确切速度、重量（质量）和方向，以及所有台面上其他台球的确切重量和位置，我就能以完全的确定性准确预知它们中哪一个会动，哪些其他的碰撞会发生，以及多长时间。在物理本性的视角上，一切发生的事情绝对是完全被前面的事件所决定的。

现在这样一个决定论将排除自由意志，在某种程度上是伊壁鸠鲁所不能接受的。所以就有一个进一步的、对伊壁鸠鲁来说更基本的理由来承认偏离。因为偏离就其本身而言是无法预料的，空间一般对不可预料的事件敞开，所以，伊壁鸠鲁认为，空间是为意志的自由而开放的（Luc.ii, 252-293）。他认为这一自由是基本的，如果伦理连同它的责任概念以及它告诫要按照这个方式而不是那个方式行事这些统统能够发挥作用的话。如果包括人类行为在内的一切完全被那些没人能控制的事件所决定，哪些东西又能告诉人们去避免某些行为呢（比如，伤害）？

不幸的是，在伊壁鸠鲁的文字中没有对偏离本身存在的解释。但这个观念却至少和20世纪的概念有家族性相似之处，比如说，海森堡著作中在原子层面上的非决定论，一些现代思想家认为，这种非决定论也能够用来支持自由意志。对这种试图保存自由观念的方式,将在第二章予以讨论。

经过这样描述的宇宙的一般图景有时是完全理论性的,但部分地为大量的论据所支持,其中一些将在下面予以讨论。

原子中的最小者

巴门尼德(约公元前 485 年)和他的学生芝诺都来自意大利的埃里亚,所以被称为埃里亚学派,他们举出了睿智的悖论来说明运动和变化一般是不可能的,以及存在必定是一、永恒和无限。那些悖论依赖于这样一个主张:空间和任何延展的大小都是无限可分的。因此,在一场比赛中为了从起跑线到终点,运动员必须要穿过赛程的一半,但他也同时必须穿越一半的一半,而且那一半还可以再分成一半一半的,由此以至无穷。但是,芝诺认为,去穿越无限的次级距离是不可能的。而且,我们自然可以在长度上认为跑道是有限的,但这个观点似乎表明它肯定是无限长的。

如果原子本身在伊壁鸠鲁的观点上就是延展的物体,它们占有空间,或充满了虚空,那么在巴门尼德和芝诺的论述中每一个都会是无限巨大的了!巴门尼德的思想反对有限物体的多样性,它包括这样一个在下列方式上适用于原子的观点:

如果每个原子都是一个延展的巨大物体,那它必有前面和后面。但是我们也可以认为前面的某一区域同样有一个前面，而且前面的前面还有一个前面，由此以至无穷。所以如果存在一个原子，那它就肯定是无限大！当然，这就使运动中的原子多样性概念没有什么意义。

那么毫无疑问，原子论者从德谟克利特开始，在某种程度上都发觉绕不开巴门尼德的论述和芝诺的悖论。但很清楚，单单是物理上原子的不可分或不可切无法满足这一要求。即使一个原子实际上不可分，也不能说明它没有前面和后面。但如果它有前面，那么我们很快就会遭遇到巴门尼德的论述。

在 LH56 中伊壁鸠鲁以这种论述解决了这一困难：就像在感觉上存在一个最小值一样，实际上也存在一个最小的单元，一个最小值。最小的可感知的点如果根本看不到，那么在定义上就是不可分割的。如果我们愿意在理论上假设它可分，那么我们可以这样做，但既然假设它是最小的可见的点，那么如果可分实际上它就不可见。事实上，在实际情况和我们理论上进行确认之间存在着差别。

相对于埃里亚学派那些强有力和违反直觉的观点，最小值学说可能会提供某种庇护。但它有自己的问题。比如说，很清楚，任何物体都必须有一个最小数的整数值。即，它不可能是二又二分之一，因为最小值在定义上不会有一半。但这意味着所有物体都是可以度量的。但是几何学家表明三角形的边和对角线是不可度量的。伊壁鸠鲁以及他的继承者们知道那些几何学。他们的回答是什么呢？几何学可真够坏的！

在几何理性所要求的意义上对理性要求的这种回复，正体现出伊壁鸠鲁的特征。在他看来，理性不能在任何方面都指示自然。

诸　神

伊壁鸠鲁相信存在诸神（LM，127-128）。他的确信依赖于下章所讨论的关于知识的假设。但他强调有关诸神的流俗观念是错误的，错在这些观念造成了灵魂的骚乱。诸神没有创世，它们也不关心什么在其中存在。哲学概念，比如在柏拉图和亚里士多德所发现的那些，比普通观念也好不到哪儿去。所有这些观念都包含了扰乱因素，比如对判断的恐惧，或者日常身体生活的下降，那是唯一真实存在的生活。在伊壁鸠鲁的概念中，诸神对人间事务高傲而冷漠，超然于各种内在外在冲突。而且它们自身还是某种类型的身体。唯一的悖论就是他们是单个的原子，或虚空，而两种假设都与伊壁鸠鲁对他们的定义完全不相协调。但是诸神具有身体这一观念引发了一个明显的问题。

正如我们所看到的，生成和脱离存在都是原子构成不可避免的分解所造成的，而这一状况又是由内部的虚空使然。既然每一种身体性的物体都是原子和虚空的混合，那么任何身体性的东西都会衰退或分解。但伊壁鸠鲁也持有通俗的观点，认为诸神是不朽的。看起来诸神有身体是绝对不可能的。伊壁鸠鲁的观点，看上去表明诸神必须同时是有朽和不朽的。

这一逻辑上的困难还不足以劝服伊壁鸠鲁，他对形式逻辑和辩证法不怎么关心，但对"不矛盾"的原则却极为看重。他确信诸神的存在，以及他们的不朽。毕竟有直接的经验证据表明他们存在，对伊壁鸠鲁而言，经验是诉诸的最后法庭。

因为任何经验都是某些真实东西造成的，而人们在梦中经验诸神，这些经验的原因必定真实。但还存在一些困难，表现为理解哪些类型的实在会造成这些经验，或者说，假定那是一种神圣的实在，诸神必须具有哪种类型的实在，这是伊壁鸠鲁的学说未能解决的。似乎有很多种观点被一一建议，包括认为他们根本就不是真正的身体而是半身，这些观点都产生了很大的影响，因为它们可以在某种程度上避开那些可能导致原子论解体的所有原子事件。迄今为止，学者们还无法在伊壁鸠鲁学说中对诸神存在的正确解读建立起共识。

伊壁鸠鲁对诸神存在的坚持，至少有一个强烈的动机。他把他们看成是静止的重要模型。它们不会经常遭受置疑的事实是它们静止或有着不受干扰本性的关键原因（LH，78）。我们相信肯定存在一些东西能够避免干扰，正如上面在讨论派生诸存在时提到过一样。我们相信，诸神的存在就其本身肯定会让绝大多数现代思想家惊诧。伊壁鸠鲁关于这一信念以及其他信念的论证，将在下章得到进一步澄清。

2

On Epicurus ——— 知识、灵魂和自由

第一章所阐述的关于自然的观点充满想象，其中的部分还非常有意思地和现代观念相类似。它也完全是理论性的。我们怎样才知道这些观点是正确的？没有什么东西是自明的。伊壁鸠鲁提供给我们一套关于知识的论述，但很难让我们相信，实际上这比他的竞争者，包括柏拉图和亚里士多德的观点更可疑。

在古希腊哲学中所构思的知识问题作为问题而言是要找到一个"标准"（一个区分对错的确定准则）。那么他所提供的哪些真理和知识的标准是可靠的？而且任何关于知识的论述都需要对心灵和灵魂的可靠论述，伊壁鸠鲁的唯物论使得这种论述并不容易找到。

感觉和伊壁鸠鲁派

根据伊壁鸠鲁的观点,第一个标准是感觉或感知印象意义上的"经验"。如果我有某种经验,描述在我前面的桌上有个红色的球,那么肯定有什么东西影响了我。即使在前面没有红球,我也可以被骗去想象那里存在,毕竟还有感觉本身存在,这一感觉肯定由某种东西造成。能够确定的是现在我有一个以那种方式描述的感觉。如果我们否认这一确定性,那么我们就缺乏对任何事物可靠描述的起点。"如果你和所有感觉作战,你将没有任何凭据去判断,即使是那些你认为是骗人的东西"(PD,XXIII)。如果是这样,那么避免怀疑主义的唯一途径是承认感觉的确定性,而伊壁鸠鲁要坚决避免怀疑主义。

所有感觉都在同等层次上,就那个层次而言没有一个是错的。物体持续不断地放射出非常细的原子层,我们可以把它们理解成颜色、味道等等。这些原子层在和感知者交互作用的基础上被转化成某种"印象"(eidolon)。只要我不认为进入我视线的球的印象是红球造成的,我就不会被误导。即使是幻想症患者的经验,也是正确的。说它们是正确的意思,是说它们正确地反映了一些东西,正像一张照片所做的那样。仅仅当我们要进行判断或给予意见时,某种错误才可能发生。

迄今为止伊壁鸠鲁的观点是传统经验论的：所有知识都始于经验。但当我们加上一个意见时，我们怎么知道它是对是错呢？伊壁鸠鲁宣称某些感觉比其他的更"清楚"（LH，48）。但他没告诉我们清楚的标准为何。因为欺骗性的感觉拥有大量的鲜活性和生动性，所以可以假设二者不在其中。有必要指出，伊壁鸠鲁借用了清楚的概念来捍卫一个被广泛误识的观念，即太阳和月亮就是它们看上去那样大小（LP，91）。

伊壁鸠鲁（IV，469-499）认为，必定存在某种真理标准以使我们至少拥有关于真理和错误的概念，任何否认知道这一点的人看上去都像在宣称他们至少知道他们不知道！这是有趣的观点，但还没有建立起感觉的优先性。卢克莱修追问，什么会比感觉作为评判确定性的标准更好呢。对这个问题的很多答案对伊壁鸠鲁派有用，包括柏拉图和亚里士多德的回答，但在这一关键问题上的极少讨论实际上是令人失望的。

伊壁鸠鲁假定，当感觉看上去冲突时，就像当船桨在水里看上去是弯的，但实际却是直的，所以实际上没有真正的冲突。不同的感觉作用于或判断于不同的物体。所以，一种感觉的判断和另一种不会冲突。无论关于船桨我会得出什么结论，都是一个结论，某种通过推理建立起来的东西，都很有可能犯错。推理不能驳倒感觉感知，因为推理本身依靠感觉（DL，10：32，在 I&G，p. 41）。

17 世纪和 18 世纪的英国经验论（洛克、休谟）区分了两种经验，一方面是直接经验或印象；另一方面是回忆痕迹，想象构成，那种可以出现在梦里的或类似的印象。后者在某种程度上是从前者派生出来的，而且是内在衍生的。伊壁鸠鲁并未作出这种区分。他假设所有印象都是由外在资源所产生的。因此，如果我正梦到一个红球，某些外在事物就正在我的心灵中制造关于红球的印象。欺骗性的印象，也是由某些真实的外在事物造成的。

而且，我所拥有的诸神的观念也是从诸神本身的身体派生出来的。很清楚，我们无法具体地实际看到、听到、摸到任何神，因为它看上去在任何情况下都不是坚固的在时序上统一的物体。伊壁鸠鲁假定诸神放射出的各种印象具有细密纹理，它们能够越过感觉而直接影响灵魂和心灵。

这个观点很显然和一般所理解的实证主义有很大不同，但它绝不意味着我们可以由直觉感知诸神。柏拉图认为人类具有直接的途径，完全和感觉分离的那种途径，借助灵魂的本性来达到永恒诸形式。伊壁鸠鲁关于我们达到诸神的途径恰恰相反，在这方面他还是实证论的；我们关于诸神的印象和观念可能仅仅在于传递给心灵的印象，而恰恰又是通过这一方式从外部事物传来关于类型、颜色和声音的印象。但是关于诸神的印象是如此纤细和细密，以至于它们能够"渗漏"，也可以说，这是它们通常的感觉通道。然而这个观念达到了一个原则高度的强力判断，即感觉是知识的基础。

伊壁鸠鲁派的问题

伊壁鸠鲁派通常面临着如下问题：假定感觉是知识的基础，那么感觉的细流如何被组织成为世界上各种相似物体和关系？我所经验的事物，在感觉上，不是类型、颜色、味道、声音，而是红球、酸柠檬、火车汽笛的声音，如此等等。大量的感觉印象如何组织成为这些统一的物体？

这个问题也是其他人如柏拉图和亚里士多德思考的核心问题。柏拉图的"形式"理论部分是由论辩产生，意在表明我们无法仅仅在看了一棵又一棵树和一个又一个人之后得到它们的"理念"。物体在被分成树和人等不同种类之前就必须具有某种原则。这样，我也就能经验不包含二者、而只是两者某些部分的组合，比如一个"humtree"或分离的树的部分。毕竟，人类自身还是复杂的物体，包括相对广泛分离的部分如腿、头、眉毛等等。仅仅拥有这些器官之一的视觉印象既是可能的，又是平常的。而且每一个印象本身都是复杂的。光眉毛就包含大量不同的成分，能够以不同类型和样式出现。这种多样性如何以特定方式组织成像它在经验中的那样呢？

为回答这个问题，伊壁鸠鲁发展出一整套独创性的策略。他的方案假设世界上的物体通过"预先图式"（"anticipatory schema"）的方式被组织成如它们所是的样子。

预先图式

伊壁鸠鲁又提供了一种模糊的方案,可能看上去会招致不少问题。他假设我们具有某种像"先验图式"的东西,借此来领会世界。他的词汇是 prolepsis,一个他引入专业哲学讨论的词汇。它表明某种先于或提前于感觉经验的事物能够使感觉按照熟悉的方式予以组织。我把这个词汇翻译成"预先图式"("anticipatory schema"),但它还被翻成"基本把握"、"前概念"或"本能获得的概念"。

如果能获得这些图式,那么到底它们是如何被获得的呢?没有证据显示伊壁鸠鲁认为它们是从更基本的感觉上建立起来的。但有证据表明,他认为这些图式奠基于更宽泛意义上的"经验"。可能只有在看过一个人很多次之后,我们才得到关于人的概念。这个概念并非来自对颜色、结构等等构成典型的"人的形式"的基本感觉。但是假设我从反复看到"巨大实体"中仅仅得到这个概念就意味着追问我的经验如何才能成为人类的经验,而不是 humtrees 的。柏拉图和亚里士多德都曾急切地指出这一点。

不过伊壁鸠鲁给这些图式加上了大量的认识论意义。实际上,它们提供了关于真理的第二个标准。它们在解释我们如何获得诸神、责任以及其他伦理学基本概念上扮演了不可或缺的作用。伊壁鸠鲁认为,这些图式是可以在所有人类中都发现的平常资质，由此通过考虑或将它们带入心灵，我们能够削弱错误信念（比如来自特别败坏的共同体中）而得到确定的真理。

关于真理或错误的第三个和最后一个标准是感知（feeling），它将在第三章予以讨论。

确认、否认和一贯性

伊壁鸠鲁认为，感觉在清晰时，就是物体到底是什么的可靠传递者。在这种情况下，感觉确认了基于它的一个信念，即有一个红球在我前面的信念。看上去，他对在现代认识论中得到高度关注的那些东西并不关心。

比如，伊壁鸠鲁并不考虑如何对待那些持续的感觉，它们最终证明是事物到底怎样并不可靠的传递者，无论有多少可能的理由。他也没有提供一个办法以决定，当火车汽笛远离我时，它的笛声是否能给我们关于汽笛真或假的"印象"，或者关于汽笛"原初"的声音。实际上，关于不可见材料印象的讨论一般不会清楚。我们能把声音的印象仅仅解释成空气浓缩和稀薄的特定模式，或声流，而绝不可能有诸如声音的印象之类的东西存在。伊壁鸠鲁当然不可能具有那些在我们看来很熟悉的知识，但他确实把声音想象成来自声音源的粒子的喷发（LH,

53）。无论如何，我们缺少具体论述，以让我们明白他怎样看待多种多样的普通感觉感知。

我们所知道的是和我们那些显然非感知的知识有关的一种理论，比如他的原子和虚空的理论，或大量关于极远物体的理论，像星星和恒星，以及宇宙普遍化——在字面上超越经验的知识等等。在这些情况下，与感觉印象相一致的理论或宣称就能够被相信，而不会为感觉印象本身所拒绝或否认。所以，没有人经验过全部人类，全部人类也不会一起死亡。但是没有一个不朽的人的经验被记录，那么所有人都是有朽的就不会被否认和驳斥，于是也就是可信的。

推理模式现在取决于对归纳可靠性的确认。我们应当希望无论是反怀疑论者，如伊壁鸠鲁派，还是一般的人，都会接受这种推理的可靠性。思想可以超越经验，但仅仅依赖于没有什么东西和它们在经验中相矛盾或冲突。这条原则，这条关于不冲突的原则，听上去像是一个典型的科学推理原则。科学法则不会完全由经验确认，但当所预想的结果没能出现时，它们会遭到拒绝或被证明为错误。因此加热气体如果不膨胀的话，就足以推断出否定了波义耳的大气法则。实际上事情还不是那么简单，但即使它们如此，伊壁鸠鲁的原则和现代科学中的试错法则也不可等量齐观，因为他没有包含关键性的"实验方法论"，仅仅是和试错法则相似而已。

在伊壁鸠鲁和卢克莱修之间，存在着大量论述上的相似。

我们已经看到了一点，即他们都承认必定存在有一个最小值（非感知的）。这一论述提供了可感知和不可感知的最小值之间的相似。既然前者是不可再分的，后者肯定也是。这种相似很典型地依赖于某种可感知而且清晰的东西。

很明显，不止一种关于感知或感觉的解释会经常有用。当那种解释和最宽泛意义的经验相吻合并保持最大的一致性时，它将得到承认。伊壁鸠鲁认为，原子论就是对整个经验世界最基本的解释。其他的很多解释也是可以的，比如那些依赖于某些基本元素——典型的像土、水、气和火等——的解释。但伊壁鸠鲁和卢克莱修一致认为，没有什么像原子论那样能和全部材料相统一。然而，对某个既定现象的两个或两个以上解释可能都是同等的无错的，而且和任何经验都不冲突！

大量的这种情况在"致比索克勒斯的信"中得以讨论。其中绝大部分都和天体或大气现象有关，这些还都是他那个时代迷信的对象。下面是伊壁鸠鲁关于雷鸣的叙述：

> 雷鸣可能产生于云里风的呼啸，正如发生在我们的导管中，或在导管中火的隆隆风声，或由于云的切割和撕裂，或由于业已凝结为冰的云的摩擦和爆裂；这一现象需要巨大天体的这一部分，像其他部分一样，能够以多种形式产生。（LH，100）

需要注意，所有这些解释都是自然主义的。比如说，伊壁鸠鲁并不认为雷鸣可能是神的怒吼。我们能提供一些理由来忽略任何在解释这些现象比如雷鸣时提及诸神的企图。被认为是可行的论述紧接着那些被看到的事实，正如由切割自然物体所带来的噪音。现在没人感觉到怒吼的上帝（当然如果雷鸣就是这样，那么有神论解释就是循环论证了）。所以，在诸神行动意义上的解释，不能还原为类似的可感物体或事件。

而且，确实存在着我们了解诸神的东西，比如它们没有经验过生气。我们通过预先图式（prolepsis），对诸神是什么样子的全部直觉把握来了解这一点。

到目前为止，对伊壁鸠鲁知识理论的描述充满了可见的困难。关于这个理论，已经提到的一些问题可能有它们的答案，也许存在于《论自然》中已经遗失的篇章或在其他遗失的篇章中。

但有一点还是清楚的，伊壁鸠鲁的认识论至少部分地肇因于他关于什么构成最好生活的观点。好生活最突出的特征是，不存在扰乱思想和扰乱信念之物。即使在他承认对一个现象的解释有多个时，就像关于雷鸣的解释似的，他仍然急切地坚持正在导致的不确定不需要被扰乱。而且，感觉和知识的清晰场景，提供了足以控制灵魂扰乱的那种确定性。

机械论和目的论的解释

原子论关于知识和解释最显著的特征之一可能就是所谓的"机械论"。原子论者把宇宙构想成下述意义的巨大机器,其间发生的一切都是部分(最终,原子)之间相互碰撞和推动的结果。机器都在以同一方式运作。一个运动的部分和其他运动部分相作用,后一部分依次和其他部分相互作用。运动的部分由于它们的重量(或质量)和运动互相施加力量。所有这些解释都是亚里士多德所谓的"动力因"解释(Phys. II, 3)。一个给定物体的运动(无论是一个原子还是原子的组合),是某些邻近物体的运动或组合内部各种运动的结果。

原子论中突出的一点是对动力因解释的排除。亚里士多德把动力因看作解释的四种类型之一(Phys. II, 7)。但柏拉图和亚里士多德以及事实上其他古代思想家都认为,最终的解释不是动力因或机械解释,而目的却需要慎重对待。

对人类行为的解释恰当地阐明了以下观点,那些解释很有特色地包括了对目的的引用。所以,对我手指现在的运动的解释必定要很典型地在我的目的和目标的意义上给出,包括制作一本书的目的、造个句子的目的、造一个特别的词或其他字母的目的等等。很清楚,只有我的神经系统秩序良好,我的手指才会移动。所有这一切都表明,肯定是有某些确定的物理或化学反映在我的大脑和神经系统其他部分发生,它们作为动力因,促使我的手指运动。

然而我们中的绝大多数人都会认为，把我手指的运动全部在"机械"意义上解释是奇怪的。难道我们必须说些关于利勒加德的手指为何会动的理由，而又必须提及使之运动的他的意图？当然，动力因的作用对我手指的移动而言是必要的，但它们远不是充分的。这样认为就等于说我什么也不是，不过是没有任何意图和目的、没有心灵的机器而已！

目的和目标意义上的解释在某种程度上被称作"目的论"解释（来自希腊字 telos，意思是目标、意向和目的等）。正像在关于我的手指的解释中，目的论解释往往含有与心灵和思想或公开或隐蔽的关联。正是我在思考一个句子和词，或我正准备出一部书，这些原因最终解释了我手指为什么会动。思考和意愿不能被还原成仅仅是运动中相互作用的粒子，如很多人所相信的那样。

亚里士多德确实给出了某些原因，像心灵，这样一种非机械的原因在解释自然时绝对核心的作用。在他看来，即使是在地球表面处于下降运动的无所依靠的石头也有某种目的，所以有某种心灵之类的东西在发挥作用。石头有一个心灵般的内在趋势，一种内在的目的论，在回返自然位置的欲望意义上，解释了朝向地球的向下运动。

后来的宗教思想家倾向于目的论解释是完全可以理解的。在那里，人类心灵的作用已经不够了，人们可以恰切地想起神圣心灵和它的目的。太阳和月亮为何像日常那样运动？那是因为它们本身都有某种类型的心灵，而且偏好这种运动，或者它们这样做是因为上帝愿意它们那样运动，可能是服务于多方面的目的（比如说要给人类光，参见《创世记》第一章）。

伊壁鸠鲁和其他原子论者完全拒绝这样的目的论解释。在他们看来，思想本身不过是原子的运动。在他们的观点和流行观点（那些仅仅被看成常识）之间，不会再有更加猛烈的冲突。我们看到目的环绕于身边，至少在人类和动物生活中。哪里有目的，哪里就有心灵。人类心灵无法解释的地方，就必须有神圣心灵，或半神原则来进行解释。

给出目的、心灵和上帝之间的紧密关联，以及给定伊壁鸠鲁对目的论解释的拒绝，就很容易看出为什么在基督教时代伊壁鸠鲁被看作一个无神论者。实际上，为了全部实践目的，他的确是一个无神论者。虽然他相信存在诸神，但他以这样一种方式来看待诸神：它们并不对事物怎样运动和为何事物如其所是进行说明。诸神对人类也没什么兴趣。从绝大多数有神论宗教的视角看来，这些神跟无神也没什么区别。

思想本身就是原子运动的观念是反直觉的看法，也是其他思想家奚落的对象。但是，它在某种程度上和绝大多数现代成熟的关于心灵本质的观点相类似。我们必须转向伊壁鸠鲁对心灵或灵魂的叙述。

灵　魂

很显然，伊壁鸠鲁关于自然和知识观念的基本动机是伦理的。他相信只有他的原子论观点能够免于扰乱的侵犯，这对于最好的生活是必需的。在他关于灵魂的叙述中，同一动机也得到了充分体现。

灵魂的自然本性，及它和身体的不可分离性

伊壁鸠鲁强烈坚持，灵魂不能避免死亡，所以死亡不足以畏惧。在死后没有什么回报或惩罚，这是因为没有灵魂去经历它们。在死时，身体分解了，所以没有灵魂能从身体分离出去。

卢克莱修提出了大量事实，来支持灵魂和身体只能在一起存在的观点。比如，在自然生活中有一种曲线来适应精神和灵魂生活中的曲线。刚出生时我们在自然上很孱弱无助，精神上也如此。随着长大，我们在两方面都变得强大，而当年老时步入衰落，"当身体已为岁月的暴力所破坏"，同时"思想就不灵，说话就紊乱，心灵就垮台……"（Luc. iii, 445-458）

在指出了大量灵魂和身体不可分离的证据后，卢克莱修总结道："因此，对于我们，死不算是一回事"，因为在死后就没有"我们"来承受好和坏了（Luc. iii, 830）。

基督教所传授的教义可能会承认，即使在灵魂和身体之间

有如此强烈的依赖关系,身或心仍有一个复活。值得注意的是,卢克莱修承认这种可能性。他认为在时间的无限延展中,现在构成一个人的原子可能在多年之前以同样的秩序存在。但这个状况对我们没有任何意义,因为"我们不能在心灵的记忆中记起这点,因为这之间已经有过一次生命的中断"(Luc. iii, 846-861)。同样的推理表明,将来包括我全部原子结构的复制品也对我没什么意义。因为会有同样的断裂,同样的"中断"。通过这些教诲,伊壁鸠鲁派希望消除最扰乱的思想和信念对人类生活的骚扰,而这些思想和信念就是依赖于死后有关继续存在的观念。

假设所有的存在就是身体和虚空,假设虚空不会影响任何东西,假设灵魂会影响身体,以及相反,那么灵魂本身必定是某种类型的身体。灵魂包含着某个特别的部分,"通过全部组成来进行分配",也就是通常所说的身体(LH, 63)。卢克莱修坚持,构成灵魂的原子是非常纤细而浑圆的。这种性质解释了思想的迅捷,因为这些物体相比于更大和更不规则构型的物体会遭受更少的阻碍。

卢克莱修的叙述详细说明了伊壁鸠鲁在灵魂和"与热混合的气息"之间的区分(LH, 63)。在绝大多数文化的历史中,灵魂和呼吸的联系都是十分常见的。呼吸和热都从与死亡相联系的尸体上消失的事实作为灵魂和身体分离的证据支持了这些观点。呼吸和空气也是自然相连的。

在这三种元素（气息、热、空气）之外，卢克莱修增加了第四种元素，那是一种还未命名的独特的原子。他认为，第四种元素是必然的，因为其他三种元素中的任何一个也无法保证感知、感觉或"人在脑中盘旋的那些想法"（Luc. iii, 231-249）。这些概念形成了非常有趣的问题，伊壁鸠鲁的讨论也包含了非常令人震撼的成分，一个不能忽视的样本。

小人（Homunculi）和物理主义

在解释精神功能时拒斥任何"小人"，是伊壁鸠鲁思想的一个显著特征。侏儒就是"内部的小人"，就是说至少被想成有眼、耳、心灵等，它能观察、解释和处理进入感觉的数据。现代心理学家对这种明显无用的解释十分警觉。之所以无用，是因为这种说法把解释推回到另一层面上；也许小人可能解释了在我观望时发生了什么，但什么能够解释当小人观察时发生了什么呢？难道另有一个小人在里面？

可是这种解释继续在心理文学，尤其是PBS频道关于心灵和思想本性的片子中频繁出现！那么，必须把荣誉归于伊壁鸠鲁派们，它们完全避免了这种解释。卢克莱修明显地提到这种思想模式，而且还在根基上嘲弄说，如果我们仅仅"通过"眼睛去看，那么把眼睛去掉肯定会看得更清楚了。如果视觉真需要小人的话，更多一层设备（眼珠）肯定比单层的要差得多

（Luc. iii, 359-369）。

伊壁鸠鲁派就精神和感知功能提出来的观点本身就是激动人心的。比如说，就在刚刚引用的卢克莱修著作的那一页，他宣称视觉就在眼球里发生。这肯定不表明视觉能在一个孤立的眼球中发生。恰恰相反，灵魂是通过整个组合物得以发散的，全部组合物就是身体。但这绝对表明我们不会把视觉看成真正发生在"大脑中"，而眼球的存在仅仅为视觉提供了必要的但在一个不同的世界却或许可有可无的条件。可以证明，以这个方式思考的广泛倾向，正是小人风格思考的残留。

现代哲学家都喜欢思维试验，在试验中完全逼真的人的全部视觉和其他经验都对"桶中的脑"有作用，桶提供养料以使脑能存活，"感知"装备来自某些动力装置，没有任何其他存活的身体或身体器官充当试验的必要条件。假设这样一个东西成为可能，那么经验是面向许多对象的，包括哲学的和生理学的。相比于无比复杂的现代概念，很可能像伊壁鸠鲁那样一个观点更接近目标。在伊壁鸠鲁看来，自然的眼球是视觉必不可少的条件。

意图和思想的质料

另一个由卢克莱修表达出来的特别观念，是任何一种思想都把注意力集中在那些总属于现在的大量材料中选取而出的某物上。即使是想象某物的行动也实际上是留意于已经存在物的行动，而不是创造性行动。如果我现在坐下来虚构某种不寻常的妖怪，比如说，有狗一样的头，长颈鹿一样的脖子，河马一样的身体等等，那实际上是我把注意力集中在这样一个印象上，它根据一些印象的持续混合比如狗、长颈鹿等等来构成，这种混合之所以可能是因为一直由物体放射而出的原子的印象本身的细密纹理和质地（Luc. iv, 732.748）。不仅仅漂浮着狗的印象，而且还有狗的一部分、长颈鹿的一部分，等等。后者非常有用，因为它能为印象提供足够的材料，就是一般上我们所认为的那种想象的积极能力。

任何时刻从狗发射而出的原子束都包括两部分，一部分是那些能够影响我们眼睛的，另一部分如此强烈以至于能直接进入我们的心灵。这个观念和以下想法是吻合的，即诸神的印象可以通过普通的感知管道进入心灵，因为那些印象十分特别，它们往往都是非常纤细的。

现在伊壁鸠鲁将心灵看作非创造性的观点，就把心灵和某种我们想当然认为的积极的权力分离开来，但却承认这种权力，即选择性注意的权力具有无比重要性。卢克莱修指出，很可能某物就在一个人面前，但他却无法看到。这个观点经常用来反驳那种幼稚的实证主义论调，它们认为感知仅仅包括某种材料对一个被动感受器的影响。

思想，甚至语言的意向性观念（参见 Luc. iv, 794-799），即指向物体的意向，在关于心灵的现代讨论中被如此认真地运用，已经在卢克莱修的论述中得到预示，他坚持心灵的注意权力（animus）在一般意义上是感知和思想的必要条件。感知绝不仅仅包括材料的被动接收。但对心灵有用的材料却经常是外部制造的，而不是某种积极的精神能力的产品。

伊壁鸠鲁的心灵或灵魂概念中的问题

尽管有这些激动人心甚至经常是建设性的观点，伊壁鸠鲁关于精神能力的概念还有一些模糊之处。"印象"在伊壁鸠鲁的灵魂和知识论述中具有关键作用。那么如何解释看上去并不包含任何印象的精神"运动"？

比如，类似论述也可以依靠某种关于比较的实证主义观点，但对造成比较本身的观念如何在某些印象在场的情况下得到说明却没什么解释。

或许大量的精神行为可以通过心灵的原子力学得以说明，但我们却没有看到这个说明。观念间联系的观点，在现代英国实证论中如此普通，可能借助了某些前提条件，但却不包含在伊壁鸠鲁对心灵的论述中，虽然关于印象复制品效果的总结，可能会被解释成对这样一个概念的最小证明。

当然，不存在原子或虚空的印象，不存在肯定或否定等关键原则的印象，不存在预先图式（prolepsis）的印象。但是必须退一步说，那些最少看上去是心灵建构性行为的论述，从来不是任何实证主义的可靠特征。伊壁鸠鲁的灵魂观点具有历史的重要性，在某些方面甚至对现代思想家而言还有某些内在兴趣。

自由意志和偏离

伊壁鸠鲁花费了大量篇幅来强调意志自由。我们已经解释过，自由的某种类型对他的伦理概念有关键作用。在现存的文献中没有直接处理这一困难观念的，但卢克莱修的作品中对此问题却有清楚论述。卢克莱修认为，如果一切都由原子的下坠所决定，那么就不存在任何行动自由。但却存在行动自由，表现为我们"在快乐引导下共同前行"（Luc. ii, 252-263）的能力。所以，一切事物都由原子的普通流动所决定不是事实。

这当然是一个有效论证（逻辑学家所谓的 modus tollens），但它假设了存在行动自由，或意愿（vluntas）自由。它并未对该假设提出论证，也没有解释这样的自由在原子论视角内是如何可能的。

但在同一页，卢克莱修介绍了原子"偏离"的概念。这是伊壁鸠鲁派文字中唯一提及偏离观念的一处。我们已经谈到（第一章），"偏离"被用来说明碰撞必定发生，从而存在一个由宏观物体组成的世界。但很可能它更关键的作用是解释自由意志是可能的。原子在下降过程中的稍微偏离，不在任何特定时间、地点中发生，从而将不确定性引入宇宙。于是它敞开了运动的大门，包括人类行为，它不可能完全是可预料的先前原子运动的结果。

回到我们台球桌的例子，如果没有任何外因，我们的目标球将会稍稍偏离，球桌的全部构成将以我们未曾预料的方式改变，即使假定对全部球的初始位置、重量、向量以及其他都有全部的把握。

很不幸的是，在伊壁鸠鲁那里，原子偏离可能归因于意志自由这一点并不是很清楚。我们把自由意志的行为看成出自动者的行为，由行动者造就，至少在部分上归因于行动者。在某种意义上，它们必须在行动者的控制内。但如果自由行为的行为原因是行动者无法控制也无法出自行动者的原子偏离，那么怎么保存自由意志呢？

同样的理由，在本质上被用来反对现代把自由意志置入海森堡不确定性中的企图。来自物理学的这些观念，无论古代还是现代，看上去都和我们自由行为的观念不相符合。它们似乎需要把自由行为看成一个偶然事件，恰恰是我们未曾想过的那样。

卢克莱修承认，灵魂运动时，身体也以某种方式运动，

> 整个躯体的全部物质，必须被刺激而运动起来，以便在每一个骨节都被激动之后，它就随心所欲地向前冲去，所以你能看出开端的运动是始自心脏，说实话，它首先从心灵的意志出发，然后从那里传布到四肢和整个身体。（Luc. ii，266-271）

这里又有某种像"意志"的东西被简单假设了。可能原子的偏离是此类意志得以运作的必要条件。其他条件也必须存在，比如已经构成的特征特性（formed character traits）。正是借助所有部分组合的作用，行动才是自由的。因此意志的运作不等于原子的偏离，也不等于这种偏离的某种直接结果。

很不幸，这个经过改进的叙述还假设存在一个叫作"心灵意志"的东西，而没有告诉我们它到底是什么。如果心灵的自由是导致自由行为的链条中的第一个环节，那么，虽然其他原因进入了链条，这个第一环节也还没有得到解释。

3

On Epicurus ———— 快乐

快乐和痛苦

"我们把快乐看成本源的原则和幸福生活的目标。因为我们认为快乐是首要的和适宜的善,由此可以继续一切选择和避免,我们可以返回作为感觉标准的快乐,由此判断一切善。"(LM,128-132)

从文本里拿出来看,这个论断听上去像是直接的享乐主义,一般的快乐比如享受美食、娱乐、性等,以及其他更高类型的快乐,都是而且也应该是我们所有行动的目标,我们在实际的快乐感觉和感知上根据每一个行动促进快乐的程度来判断或应当以此来判断行动的善。但是,关于伊壁鸠鲁的观点没有任何直截了当的论述。

就在刚刚引用的前几行，伊壁鸠鲁谈到我们进行各种行动都是为了避免"不幸和惊骇"。在这种语境下似乎所有行动的目标不是某种积极的感觉状态，而是干扰的不存在。第一章和第二章的讨论曾直接谈到这一点。一般知识的原则性目的是从灵魂中消除扰乱。扰乱可能不是一个足够贴切的词。忧伤、惊骇、恐怖可能更加精确。我们恐惧诸神，因为它们可以现在或死后对我们施以惩罚。我们恐惧雷鸣、闪电和其他现象，因为我们对它们没有自然的解释，而想象成诸神愤怒的表达。我们恐惧占星术报告，那些报告建立在对星座现象的伪科学研究上，其中恒星和行星本身是神圣的，或它们会表示出我们无法逃脱的非人格化的命运。我们怕死，是因为我们不正确地设想灵魂。幸福生活的目标是"身体健康和精神安宁"（LM，128），也就是这些忧伤和恐惧都不存在的状态。精神安宁所需要的恰恰是对灵魂和死亡本性、对诸神本性，以及天体现象的正确知识。

一开始看上去"快乐"像仅仅指痛苦不存在。"快乐本质的界限是消除所有痛苦的东西。一旦快乐出现，或只要快乐出现，就没有痛苦和忧愁"（PD，Ⅲ）。"积极的"快乐（在伊壁鸠鲁的作品中称作"动态"快乐），快乐感觉，在本节不会过多提及，但这并不意味着它们被排除或不存在。

心理的和规范的享乐主义

很清楚，在这里，伊壁鸠鲁宣称的关于"我们"的那些快乐似乎对一般人而言不太正确。我们很多人都认为，好生活、幸福的生活至少包括一些积极的快乐，即使我们并不认为这就是全部。比如，亚里士多德否认好生活是在积极意义上追求快乐的生活，但他却明确肯定，朝向快乐的欲望激发着人们，而且这种快乐是好生活的一部分，并从属于好生活。

当然，存在很多种积极的快乐，从普通的身体快乐如对美食的享受，到很难描述和界定的快乐，如欣赏莫扎特的优雅的快乐，或另一个非常不同的例子，人们会经历给予那些需要帮助的人以帮助的快乐等。这些都是积极的快乐，而且很明显，大多数人都受到朝向这些快乐的欲望的激发。

而当伊壁鸠鲁说，我们进行所有行动都是为了避免"忧伤和恐惧"时他不是指我们大家。证据表明，他更是在说伊壁鸠鲁派。他在提倡规范的享乐主义，即我们应该把快乐理解成特殊的伊壁鸠鲁意义上的"我们"的目标。他并未断言心理自我论的真理，即，所有人都在实际上从一种单纯的动机出发：对快乐的欲望。

规范享乐主义是伊壁鸠鲁的立场，能够证明这一点的论据是丰富的。本章开始所引用的当然来自他写给一个学生的信笺。如果我们把所引用的看作是事情本身或关于人类动机和心理的实证描述，那么与"伊壁鸠鲁致麦努塞斯的信"和其他很多地方的论述将无法吻合。

比方说，亚里士多德和其他人都认为行为的高贵和良好能够激发有教养的人去行动。似乎伊壁鸠鲁反对那些实际上根据这种动机来行动的人。"当没有提供任何快乐时，我鄙斥美好和那些完全敬仰美好的人"（Frag, 79, Bailey）。这一论述意味着，事实上一些人是以对美好的崇敬而不是快乐为动机去行动，但除非对美好的崇敬同时产生快乐，否则就没有意义。

可是，"所有选择和避免"的论述都受到作为首要原则的快乐的激发和促进，这一论述被看成事实的、而不是应当的论述。在伊壁鸠鲁著作中有一些观点和主张，似乎是在支持这一论述。

起源论证和享乐主义

伊壁鸠鲁提出了一个论证，与他竞争的其他学园的同时代人也认同，称之为"起源论证"，这一论证被一些解释者看作证明伊壁鸠鲁是一个心理享乐主义的证据。西塞罗将起源论证归之于伊壁鸠鲁，他是这样论述的：

> 任何生物生而寻求快乐，而且乐于把它作为最高的善（summum bonum）；它把痛苦看作最大的恶予以逃避，尽可能地远离之。它在自己未曾朽坏时完成这些，而自然本身正当而可靠，就是法官。（西塞罗，OE I 30, I&G 57）

从这里可以推出，没有必要把善的优先作为目标。仅仅需要把它指出来，就像仅仅指出火是热的一样。稍后，我将说明为何起源论证的这一特别论述并非在任何方面都是对伊壁鸠鲁自己的观点的正确反映。

从这些关于"起源"行为的论述可以推出，而且也经常推出，全部真正自然的或"适宜"的行为都受到趋乐避痛的激励。现在清楚了，这不是心理享乐主义者需要的结论。因为它实际上还给那些非自然的不恰当的行为不受朝向快乐的激励留下了空间。尊重美好从而激发行为可能也会在这个框架内。

反对心理享乐主义的证据

在另一方面，在起源论证中有证据来支持对心理享乐主义的否定和对规范享乐主义的确认。规范享乐主义认为所有人都应该把快乐看成最高目标，即使事实上有些人不是这样。

首先需要注意在本章开始的引用所提到的"知觉标准"。

伊壁鸠鲁把感觉作为真理的第三个标准。真理的第一个标准是感知（feeling），第二个标准是预先图式（prolepsei）。在设置这些标准时伊壁鸠鲁提出了一个可供讨论的哲学立场。需要论证把感知作为自然的真理标准，同样也需要论证把知觉作为行动目标的标准。

不可能所有人都已经不可避免地把快乐当成"感知标准"，也就是实践真理的标准，除非人们已经开始怀疑他们自己的动机，而澄清这些疑问也有某些价值。但是没有证据表明伊壁鸠鲁在他的"哲学治疗"中包括了潜意识的动机，那种多少带有弗洛伊德色彩的心理治疗方式。

下列论述清楚地表明了，有意使"自然目标"（即快乐）之外的其他标准作为选择基础的可能性："如果在任何情况下你都不能把你的任何行为指向自然目标，而在避免或追求中转向其他标准，你的行为就不会和你的原则相一致。"（PD，XXX）即使快乐是我们"首要的和天生的善"，也并不表明人们不能把其他东西当成行动目标，以及实际上人们会受到一些错误观点的激励而行动。

还需要注意，当起源论证被看成支持心理享乐主义时，不仅矛盾，而且如此直接地和某些已经建立起来的立场相矛盾，以至于它已经处于危险的边缘。例如，亚里士多德已经否认了孩子拥有幸福（eudaimonia）的可能，在他看来，幸福是全部行动的目标。亚里士多德认为，这个幸福的教义或标准是成熟而有智慧的成人所具备的。很难想象亚里士多德会直接和心理事实相矛盾，那种心理事实得到所有种类的日常观察的确认，当然包括小孩的观察。

解释"起源论证"时的问题

这些观点以及其他观点都支持伊壁鸠鲁是提倡规范享乐主义的。假设情况的确如此，起源论证扮演了什么角色呢？论证到底是怎样的，还不甚清楚。难道伊壁鸠鲁承认婴儿寻求的快乐就是一种消极快乐吗？要知道，很多消极快乐也需要分辨能力以及其他能力的发展。享受美酒或其他美食的美食家可不是天生对这些东西有感觉。

即使我们假设快乐是好的，某些"较高"的快乐，比如友谊或其他知识探求，明显超出任何婴儿的视野。那么婴儿的快乐怎么能够给一般的人提供好的标准呢？

但把婴儿想成自然地趋乐避苦也似是而非。冷了他会哭，但裹上毯子就会平静下来；饿了他会叫，但吃了奶就会恢复平静和满足。在毛毯下对热的感知或由妈妈的奶水而得到的心满意足必定能称之为快乐。而且，这些现象对我们所区分的积极快乐（西塞罗叙述中的"动态"）和消极快乐（或"静态"）提出了置疑。它们不但包括避免痛苦，还有积极和主动的享受，而且这似乎是很自然地推出来的。

在伊壁鸠鲁现存著作中,起源论证阐释得还不是特别清楚,这要归因于他和之后文本中他的追随者。关注这些作品能促使我们反思很多伊壁鸠鲁派们要面对的问题。他们相信在人还没有朽坏时,感觉就充当了(实践)真理的标准。因此一个尚未朽坏的人感到 X 是好的,也应该经常被追求,那么它应该经常被追求就是对的。孩子按推测而言是未朽坏的。孩子感到快乐应该经常被追求,而痛苦应当被避免。于是快乐就经常被追求,痛苦就经常被避免。接下来的是关于推理路线的一些问题。

与"起源论证"有关的问题

对起源论证的反思可以导致一些问题,包括以下几点:

1. 伊壁鸠鲁有关儿童论述的经验地位是什么?孩子实际上感受到什么?伊壁鸠鲁派没有提供任何关于孩子的研究。

2. 如果我们承认孩子确实有感知或感觉(如果是怀疑论者将否认我们知道他们这样),他们拥有怎样的感觉?动态的?静态的?伊壁鸠鲁派们在这个问题上不一致。

3. 更重要的是,我们如何得知孩子是为他们自己的目标寻求快乐,还是为了他们自己的目标寻求其他东西(比如食物),而不过把快乐当作副产品?

4. 当谈到"起源"行为时能看到什么样的年龄限制呢?

马塞·卢斯堡认为，根据伊壁鸠鲁，"最好的人类判断是未经 logos（理性）污染的孩子，而人类目的不过包括了孩子们未曾看到和评判的东西"。①很明显这和婴儿的情况不相符合，因为他们根本不会去看，也不会评判。但是关于起源论证的一些叙述谈到了所谓的"天生"，那就意味着所学到的东西肯定是从刚生下来就开始学。我在下面将讨论，卢斯堡所说的在伊壁鸠鲁的立场上甚至不是婴儿之后儿童的实际情况。

5. 儿童怎样为成人提供指引？伊壁鸠鲁明显认为，所有的成人都遭受了影响。结果，他们的感觉也败坏了。假设成人能够相信的唯一感觉（可能在行动的基础上推导而出）和假想婴儿也该具有的那些是一样的话，事情就会很荒谬。那就会把值得信赖的感觉限制到满足饥饿、暖和、其他一些快乐以及总体的身体痛苦。但正如我们将要证明的那样，伊壁鸠鲁并没有把他们限制在那些方面。

6. 儿童是本能地追求快乐，还是习得的？如果是前者，那么除非本能在某种程度上在成人那里被抹杀，否则起源论证根本不会起作用（那是多余的）。

伊壁鸠鲁派对这些问题的答案自己就有很大差别。有些人认为儿童追求动态的快乐。如果我们承认，伊壁鸠鲁意义上的最高的善包括对静态快乐的享受，那么起源论证对建立任何与伊壁鸠鲁在最高的善上面相关的观点都没什么用处。

另一方面，如果认为儿童所享受的仅仅是静态的快乐，在直觉上看来也似是而非（避免饥饿、冷以及其他）。所以如果证明伊壁鸠鲁的最高的善包括动态的快乐，那么考虑婴儿也就没什么意义了。那么，接下来探究伊壁鸠鲁派中关于动态或静态（快乐）的区分就是重要的。

论述这些问题

可能这些问题能以下列方式得以证明。起源观点仅仅表明，并不是经常追求快乐等等话题，而是经常追求快乐避免痛苦这样的观点不需要讨论。儿童不需要被讨论成追求快乐和感受痛苦。儿童的本性如此，儿童的本性也就是我们的本性，但是我们的本性可能受到了扭曲。所以我们也就不需要讨论经常追求快乐这样的观点。火是热的，快乐也是需要追求的。

第六个问题回应了刚才在探讨预先图式（prolepsei）的地位时引发的争论。他们是通过经验还是天生获得的呢？伊壁鸠鲁的主要观点给我们的印象是，它们在某种特殊的意义上是通过经验获得的。作为经验论者，我们希望他能避免直觉或任何暗示天生的概念。另一方面，一旦学习过程开始，那么可以假定，来自家庭和社会的败坏影响就开始了。所以，如果pathe即感受是习得的，那么它们就不能再被看成是真理的标准。

由起源论证带来的这些困难已经被伊壁鸠鲁派们发觉，并被他们的反对派利用了。他们提供了进一步的讨论。欲望类型间的区别提供了某些帮助，关于友谊和正义的讨论也提供了帮助。

西塞罗所描述的起源论证中的其中一点显然不是伊壁鸠鲁的，而且在任何情况下也必须被拒斥。婴儿或者更大些的儿童把快乐或其他任何东西当成最高的善去追求几乎是不可能的。最高的善，在最古的哲学中被列为幸福（eudaimonia），是全部生活的所有行动都要围绕它去组织的最高目标。在这个意义上，很清楚伊壁鸠鲁并不认为儿童能够寻求最高的善。在计算上，那样做需要使用成熟的成人理性。

因此，起源论证所能表明的就是，快乐是一种内在的善，它能够被直接地追求和评价，不必在未曾败坏之物上得到论证，而对于建立以下观点而言，这一事实已是足够，即当成年人把快乐当成这样一种善时，她是在做一件十分自然的事。可伊壁鸠鲁并没有提供在成年人那里决定哪些感觉尚未被败坏的标准。不过，就像我们将要看到的，他确实谈到了很多关于我们败坏的本性以及避免败坏的种种方式。

伊壁鸠鲁坚持，所有的快乐在本质上都是善的，因此即使是一个虐待狂所感受到的快乐本身也是善的！"没有快乐就其本身是坏的"（PD, Ⅷ）。这当然推不出，追求虐待的快乐能够导向最高的善。

从起源论证能够推出的是，除快乐之外的行动动机都不是自然的，因为自然的未经败坏的感觉本身就是行动中真理的唯一标准,而且出于其他动机的行动都不能导致真正的好生活。另一个表明这一点的方式是说,对于获取人类生活的最高的善而言,追求快乐往往是必要的(一个必不可少的必要条件),但不是充分的。

快乐和痛苦的种类

在继续进一步探讨伊壁鸠鲁有关最佳生活的观点之前,收集那些人们可以在其中感到快乐和经历痛苦的大量案例是非常有帮助的。

毫无疑问,存在大量可共享的快乐和痛苦,尤其是自然的快乐和痛苦。很难想象寒冷时若有温暖的毛毯人们不感到快乐,或在脚踝脱臼时不感到痛苦。当我们听到"快乐"这个词时,我们能想到感觉的或"感知"的快乐,虽然这肯定不是我们想到的全部。

但假设"快乐"就意味着感觉,它们也不全在同一层面上。我是否能在特定的视觉中感到快乐(比如,在欣赏莫内绘画中所包括的)依赖于大量的训练。同样的事情也适用于听觉。一次原始地看可能也就是光的炫目闪现,但没人能从里面获得快乐!

如果伊壁鸠鲁认为感觉是区分善恶的标准,在原始感觉的意义上它却确实是很明显的有所感受。这个解释也最好地符合起源论证，因为一个小婴儿的精神生活大约也就是一堆原始感觉。那么，如果保证我努力提高快乐和降低痛苦的原始感觉就是行进在获取最高人类的善的道路上，看上去伊壁鸠鲁的论述像是脱离了成人生活。对某种原始感觉的追求和避免，不会是一个积极进取的成熟生活的主要成分。

由于经常提到的快乐概念中隐含着的复杂性，还存在着进一步的困难。比如，有些人宣称在享受某种痛苦（受虐狂），而事实上某些极大的快乐，即使在精神规范的意义上，也有某些痛苦的成分。

再考虑那些需要或假设了发展和社会化的快乐，比如莫扎特鉴赏家的快乐，以及一个酒类鉴赏家的味觉快乐等。这些快乐不能广泛享有，它们也当然不在起源那里，人们可以认为一个伊壁鸠鲁派肯定会怀疑这些，仅仅因为它们反映了社会发展。

还有些快乐没有什么自然成分，或几乎没有，比如说一个好讨论的快乐，以及回忆这个讨论的快乐。另一方面，对好讨论的回忆会带来精神痛苦，比如，如果那是一个对非常有价值事物的回忆，而今却不可挽回地失去了。

很多人在欣赏表达绝望或忧伤主题的音乐和诗中感到了深深的快乐，而有些人在绝望和快乐本身中获取了某种类型的快乐。意大利诗人列奥帕蒂有一首诗，描写了这样一个人：

> 现在，我的内心稍稍平静
> 当风轻吹过树林
> 我开始将我的沉默和那些声音相比
> 我思考永恒，逝去的季节
> 一切眼前的和存活的事物
> 所有它们的理由和选择
> 那是甜蜜的，扰乱我的心灵
> 沉静
> 以及在我淹没的海中坠毁②

关于这位诗人的感受，实际上也有很伊壁鸠鲁化的描述（参见 Luc. i, 1030-1037，以及参见下面 114 页），好像"快乐"和甜蜜看上去就是包含某种痛苦。

一些人在道德缺陷上感受到了无限的精神痛苦，另一些人就感受不到。但某些人可能在这个事实上感到了某种满足，在她看来，她的痛苦是一种适当的回应，仅仅是那些欠教养的无意识的人所缺乏的。所以，她的痛苦是对好生活看法的组成部分，但会伴有一种不虚伪的满足和快乐。

掌握某种东西而拥有的快乐，仅仅因为在获得这种掌握时至少还有部分痛苦的挣扎。如果我突然发现我能很熟练地说汉语而不需费任何力气，我就会很惊喜，但是没有那种在成功做好一件事时的快乐，也不能说，它就是一个很深厚的快乐。因此，对某种快乐的寻求，可能就需要追求某种痛苦行为。

读者们可以想到自己的例子。在对伊壁鸠鲁著作批判分析的背景下，这样一个做法的价值很明显。伊壁鸠鲁本人被认为反对昔勒尼派的那种认为所有快乐都是自然的观点，以及自然痛苦比精神痛苦更糟糕的观点，因为在伊壁鸠鲁看来，精神痛苦既包括过去，也包括现在和将来（因此有累积特征），而自然痛苦仅仅是"现在"（DL 10.137, I&G, 43）。

所以伊壁鸠鲁本人认为，对痛苦和快乐的各种种类保持认识非常重要。比如，他强调，并不是每一种痛苦都可以避免（LM, 129），可能在赢取过程中的痛苦会包括在那些不需要避免之类。

无论如何，对快乐和痛苦不同种类的一些深思会帮助我们避免简单化思考，让我们不会忽略享乐主义可能本来所指的那一切。

上面对快乐（以及痛苦！）的小规模取样所表明的一点就是，我们不能一刀切地区别快乐和痛苦，因为能够经常假设追求快乐包含着感受痛苦，或者相反。快乐和痛苦在很多情况下都纠缠在一起。如果这是对的，在本章开始处对伊壁鸠鲁那么纯粹的印证，以及试图用起源论证来证明它的企图看起来都是有问题的了。

注释：

① M.Nussbaum："Therapeutic Arguments" in *The norms of Nature*（《自然的规范》），Schofield and Striker（eds）(Cambridge：Cam-bridge University Press，1986，p.69）。

② Robert Lowell，"The Infinite" in *Imitations*（《模仿》）(New York：Noonday Press，1962，p.25），罗维尔的《模仿》很像是对列奥帕蒂原诗的翻译。

4

On Epicurus —— **欲望的种类**

"我们必须承认，有些欲望是天生的，有些是空洞的，而在天生欲望中有些是必要的，有些仅仅是天生的。在那些必要的欲望中有些是对幸福而言必要的，有些只是为身体的平静，其他的是为了生活本身"（LM，127-128）。这是伊壁鸠鲁对欲望种类的概括。每一种欲望都会在相对独立的部分被依次讨论（沿着所引用的相反顺序，就对生活的必要性而言，天生的欲望排在第一位），但仍将包含某些多余的欲望，因为它们只有在和前面的论述相比较的基础上，才能得到最好的理解。

天生的欲望

一些欲望是天生和自然的。这意味着没有人可以没有这些欲望。它们是全部人类的组成部分。但不是所有欲望都是"必要的"。在这里"必要"是什么意思？那必须看结果。"我们可以把这个问题推向所有欲望：如果所欲望和寻求的能够得到，那么对我而言发生了什么；如果得不到，那么又会发生什么？"（SV，71）必须被考虑的原则性的相关后果是痛苦。"当没有满足时不会带来痛苦感觉的欲望不是必要的……"（PD，XXVI）那么一种必要的欲望是在人不具备或不对之行动时，就会有糟糕的痛苦的后果发生的欲望。另一方面，不必要的欲望能被忽略，在不满足时也没有痛苦的后果。

必要的天生欲望

一种天生欲望在三个方面是必要的。在刚刚引用的文字中，伊壁鸠鲁只提到最后一种。一些欲望是这样的，如果没能获得它们，那就会失去生命。对食物和饮料的欲望以及逃离极冷和极热的欲望，很明显适合这个框架。这些欲望对生活而言是必要的。换句话说，作为人的生活，如果这些欲望得不到满足，就会很快死去。

一种天生的欲望还可以对"身体平静"而言是必要的。逃离自然痛苦的欲望是极为重要的。没有纠缠于自然痛苦的身体能够处于平静或无干扰的状态，或它看上去能够如此。

可能这一类型的欲望还包括欲求某种精神稳定或平静，因为这种平静可能对身体健康是必要的，但是这种身体平静看上去比第三种必要的天生欲望更自然，即对幸福（eudaimonia）而言必要的欲望。这个希腊词对一般意义的古代伦理学非常重要。它可以翻译成"幸福"，但它表示的是一种过渡状态。它也能被翻译成"过得好""繁荣""最佳地运作"或"对人而言最好的生活方式"等等。伊壁鸠鲁认为，这样的天生欲望对生活而言是如此重要，以至于它必须和其他天生的必要欲望分开，而作单独讨论。

为了幸福的天生欲望

伊壁鸠鲁认为所有人都追求幸福。这看上去像是自明的。某些人宣称他们不关注幸福，或故意拒绝某些在他们看来能使生活变好的东西，这绝对是不可思议的。不必说，人们会在什么是最好的人类生活上有多种认识。一个基督教殉教者可能会拒绝以非常舒适的方式继续生存的机会，而愿意自己在剧痛中死去，但她必须相信她是在以一种能够促进最好生活的方式行动，她正确地对待生活，也就是在特定环境下世界所能提供的最好生活。在最宽泛的意义上，她仍然受到朝向幸福的欲望的激发。

因此,追求幸福的欲望是天生和必要的说法,不表示任何关于幸福是什么的正确观念,尤其不表示任何关于伊壁鸠鲁概念正确性的东西。它也不支持任何形式的心理享乐主义。很可能实际上所有人都有这样的欲望,但欲望的对象应当是快乐的,并不意味着在特定的伊壁鸠鲁方式上被理解的快乐是唯一发生的事实,如果它是事实的话。

这第三种天生的必要的欲望(在引用伊壁鸠鲁时处于第一等)区别于第一种欲望的地方在于,当它无法满足时,不会明显导致某种不可或缺的可列举的糟糕后果。如果一个人没有食欲,那就不能吃东西,糟糕的后果并不仅仅是空腹(胃会减少事物,与之相关的是,消化的欲望没有发挥作用),而是死亡,这才是这种欲望和空腹可指明的不可或缺所在。

在另一方面,如果我们缺乏追求幸福的欲望,而且也没有努力去获取它,那么会有什么样的糟糕后果发生?当然,发生的肯定是没有幸福(假设它不会完全突然地降临某人)。如果没有追求幸福的欲望,除了说这个生活没有幸福外,很明显无法推出什么具体的糟糕后果。这样一个明显的事实需要得到幸福是什么的论述,因为这更基本,也足以被反驳。

伊壁鸠鲁的策略是试图说明,拥有这样的欲望对追求伊壁鸠鲁意义上所证明的幸福而言是必要的,而且,只有伊壁鸠鲁的幸福,才是正确和自然的幸福。因此,一个人或许会选择追求某种非伊壁鸠鲁式的生活目标,而认为那个目标就是幸福,但那样做,他们将会亵渎人性。在追求非伊壁鸠鲁式的生活目标中感到挫败的人们将感到各种各样的痛苦,但这不是他们本该感到痛苦的自然事物。另一方面,在追求伊壁鸠鲁式目标中的失败必然导致一种痛苦的或干扰的状态,恰恰因为它所预设的目标是自然目标最大化的唯一目标:追求快乐的欲望和逃避痛苦的欲望。否则,那就会处于非伊壁鸠鲁式目标所遭受的某种痛苦和干扰状态。所以,在规定意义上追求伊壁鸠鲁式幸福的欲望是必要的。

那么,根据伊壁鸠鲁,我们必须做的还剩下什么?从前面,我们已经看到了一些提示。关于诸神、灵魂、死亡以及世界秩序的错误观念所带来的痛苦,必须被消除。另外,我们必须避免那些由挫败带来的痛苦,当不必要和空洞的欲望没有得到满足时,那些挫败就发生了。在"自然但不必要"的欲望驱使下的趋利避害,同样也适于伊壁鸠鲁的理想。

空洞的欲望

一些不必要的欲望是空洞的,空的(kenos)——这个希腊词经常被翻译成"无根基的",但它并不完全具有这样的含义,即当这些欲望得到满足时,在某种意义上这些欲望绝不带我们去那些想去的地方。哲学欲望作为"无根意见的结果"而出现（PD，XXIX），也就是说，如果一个人认为他遵循这些欲望就会幸福，那么肯定是搞错了。

空洞的欲望既非自然也非必要。例如，对于名声或荣誉的欲望。而另一方面，对于鱼子酱的欲望是自然的，但不是必要的。去欲望好吃的东西是自然的，但如果得到的不是鱼子酱而是面包的话，不会有什么痛苦发生。所以，对食物的欲望是自然的，对鱼子酱的欲望就不是，尽管鱼子酱是食物。

而另一方面，出名的欲望既非自然也非必要。为什么不是？因为如果它未得到满足，也没有痛苦会发生，所以它不是必要的。当然，有些人会不同意。那些人可能会认为名声对幸福是必要的（亚里士多德《尼各马克伦理学》，I，v4-6），而且，如果他们未获得任何名声和荣誉，就感到失去幸福的痛苦。但根据伊壁鸠鲁（也根据亚里士多德），这种人仅仅是犯了错误，而且可以通过某种哲学疗法进行治疗。

真正的困难是，确定对名声的欲望中哪些会是不自然的。不可能是"获得的"感受使它不自然，因为我们已经看到，伊壁鸠鲁把大量获得的感受都看成自然的。而且，它是否是获得的，也还不清楚。对名声或荣誉这类东西的欲望似乎是广泛的，几乎是普遍的，即使很多人已经放弃实现它！

西塞罗认为，一个欲望不自然的是因为满足它有困难。但是，对一个人有困难，对另外一个人可能很容易。比如，实现对名声的欲望可能对一些人就非常容易,因为他们生来富有。另一方面,一些自然欲望,比如对奢侈的欲望,对绝大多数人而言就不那么容易满足,所以西塞罗肯定错了。

事实上,在欲望的序列中,也很难找到符合不自然特征的欲望。伊壁鸠鲁没有提供这方面的例子。

但在伊壁鸠鲁的原则中,在一种情况下,对名声和荣誉的欲望在某一形式上被认为是不自然的。人们经常把名声构想为一种不朽。他们希望通过出名而被记住,这种欲望具有巨大的力量,因为对它的满足取消了或似乎取消了对彻底湮没的恐惧,对仅作为将消弭于尘土从而彻底被人遗忘的百万分之一的恐惧,也就是恺撒、拿破仑和爱因斯坦不曾被对待的那种方式。

现在对一个伊壁鸠鲁派而言,这种恐惧在下列意义上是不自然的。它假定一个人在死后的状态还是要紧的。这植根于对死亡意义的误解,因为在伊壁鸠鲁看来,在人死后没有什么对他们还是要紧的。将对名声的欲望视为一种不朽,很清楚就是空洞或空虚的。这对伊壁鸠鲁是很重要的一点,我们在稍后的章节会回到这一点。

还存在另一等级的欲望,它们本质上不空洞,但可以变得空洞。自然但必要的欲望也能够以某种方式变得既不自然也不必要,即空洞。这种可能性在下一部分讨论。

自然欲望和幸福

对美食、与美丽伙伴的性关系、海边闲适度假、优美的音乐、动人的谈话、激动的娱乐等等的欲望都是自然的。在获取不同种类东西中的快乐,也是自然的。一个具有高超演奏技巧的钢琴家可能会在这些技巧的应用中享受巨大快乐,这可能是一个复杂的享受,其中对演奏内容的音乐价值的享受、实施那种价值的能力以及在演奏时给予他人的享受、获得掌声的满意等等都混合在一起,无法分开。(若真如此,那么可能真有某种对名声的欲望,即钢琴家对掌声的欲望,在这一场景下它并不空洞。)

看上去,这些欲望中没有一个是用来避免身体干扰,或仅仅为了活着。而它们中的任何一个对幸福也是必要的吗?伊壁鸠鲁的研究者在这个问题上有着巨大的明显分歧。实际上,如果我们不进一步探讨伊壁鸠鲁对幸福的论述,就无法对这个重要的第三种欲望有所了解。

很清楚,摆脱痛苦、身体健康以及精神平静,都是他幸福概念中的核心部分。所有这些都可以被看作某些东西的缺乏。因此伊壁鸠鲁被西勒尼派诟病说,那么据此而言,死亡就是一切状态中最幸福的了。尸体确实是完全脱离了一切精神干扰(虽然身体健康是另外一回事了!)。然而,似乎伊壁鸠鲁确实认为,一种真正的快乐(即使是静态的快乐)仅仅通过痛苦的不在场才能感到。但究竟是对我们自己精神安宁（ataraxia）的反思性评价是快乐还是平静本身是快乐，还不是很清楚。这部分是由于那个希腊词能被译成"镇静""无动于衷"或"平静"，它们并不等同。比如"无动于衷"似乎表示一种没什么感觉的状态，但伊壁鸠鲁认为，真正的快乐而不仅仅是缺乏感觉，对构成精神平静才是真正需要的。但是，即使它们放在一起也不足以等同于幸福。一个除了这些基本的静态快乐外什么都没有的生活，即精神安宁和至少平均状态的身体健康，听上去不像是最好的生活。无论如何，会有一些理由让我们相信伊壁鸠鲁自己会认同这一点，即使一些评论者已经否认了。

一些评论者认为，自然但不必要的欲望在幸福上仅仅扮演了这样角色：对它们的满足就是以特定方式对必要欲望的满足。所以满足吃喝欲望的方式就是吃大马哈鱼、喝酒。而根据这些评论者，一个好的伊壁鸠鲁派对大马哈鱼的欲望仅仅是单独的对食物的欲望。但是，对大马哈鱼的欲望还只是对大马哈鱼的欲望，而不是单独对食物的。对一种异国饮料食品的欲望能够止渴，这也是对止渴的特别形式的欲望，而不是对任何老式止渴方式的欲望。没有其他证据表明，伊壁鸠鲁认为这样自然但不必要的欲望的实现不是幸福的一部分。

还需要注意，和朋友进行一次有趣谈话的欲望看上去还不是这样一种欲望，即当无法满足时，会导致精神悲伤或身体痛苦和病痛的那种。但很清楚，伊壁鸠鲁认为，对这样一种欲望的满足是幸福的一部分。所以，幸福肯定包含了多于身体健康和精神平静的内容。关于伊壁鸠鲁之死的著名论述，证实了这一点（由第欧根尼·拉尔修和西塞罗记录）。虽然有由于肠道和膀胱的毛病导致的自然痛苦，他在回忆那些带来美好时光的与好友的哲学倾谈中感到的快乐，而且，据说，他称他临死那段时间是一生中最幸福的日子。实际上唤起美好回忆的能力使平衡身体痛苦成为可能，所以，被平衡的那整个条件就不再是一种痛苦（LE，22）。

结　　论

结论中最迫使我们接受的一点是，关于伊壁鸠鲁"幸福"概念的叙述，不能仅仅从对各种不同种类的欲望的描述中得出。虽然既必要又自然的各种欲望的满足对幸福而言是关键的，但它们还不是幸福的全部。还能够有力地证明，其他种类的欲望也发挥着作用。

我们也无法仅仅通过考虑各种类型的欲望得出全部结论，即使伊壁鸠鲁坚持快乐是我们首要和本能的善。正像上面指出的，声称快乐是善或首要的善不是把它等同于善的全部，等同于那种对人类生活来说最高的善，就像西塞罗搞错的那样。因此，即使我们发现，欲望的某些特定类型恰恰就是伊壁鸠鲁所承认的那些,我们还是无法表明,最高的善对一个伊壁鸠鲁主义者来说是什么。

现在所需要的是对理性选择和审慎的叙述,伊壁鸠鲁告诉我们,那是最佳生活中最不可缺少的部分(LM,132-133)。未经审慎追求的快乐不能产生幸福,无论它们具有什么样的其他特征,也无论它们会实现何等的欲望。

5

On Epicurus ——— 审慎与幸福

亚里士多德 VS. 伊壁鸠鲁论审慎

亚里士多德和伊壁鸠鲁会同意，审慎或实践智慧（phronesis）处于最佳生活的核心。审慎是为了产生最高和最佳状态而在生活中组织一切的能力。但是，他们对这一状态是什么有着巨大分歧，于是，他们对何为审慎也就不一致。

在亚里士多德那里，审慎是保证所有其他德性都和谐共处的主要德性（EN，VI，vii）。所以，如果在某些情况下，仁慈德性需要我们不讲实话，而诚实德性需要我们讲实话，那么审慎就会恰当地裁定这一争论。

但是，根据亚里士多德，理性在最佳生活中都会发生作用，最幸福的生活不限于审慎德性。而且，所有的德性都是理性的。所以，勇敢而非怯懦是理性的。之所以如此，并不是因为我们相信得到我们想要东西的最理性方式包括勇气，而是因为勇气就其本身而言是理性的，而且我们想要的东西、我们奋斗的目标是理性的生活。只有这样的生活，才是幸福的。所以，根据亚里士多德，理性属于幸福的本质，而不仅仅是幸福的手段。可以说，理性植根于所有德性，理性对幸福有着根本作用。

另外，亚里士多德试图表明，根据德性而进行的生活是人类生活、最高的善的真正目的，虽然它往往是愉快的，但快乐不是它成为最高的善的标准。有德性的生活不需要外在保证。亚里士多德力图从一般的人类机能来证明这一点。一个最佳运转的人是一个行动都合乎实践理性的人，而且这样一个理性的人是有德性的，也就是说，一个最佳运转的人是有德性的。但是，最好运转是幸福。审慎的人不是那种熟练安排各种事情以得到他想要的各种回报的人，而是一个拥有全部秩序良好的德性，并且明白"德性就是它本身回报"的人。

伊壁鸠鲁有一个十分不同的概念，虽然在表面上听起来似乎他说得也没什么区别：

○ 万事万物中最原始最伟大的善是审慎。所以审慎比哲学更受尊重，因为从它可以产生其他一切德性，而且审慎教导我们，不去审慎地、美好地、正

> 义地生活，生活的快乐就是不可能的，相反亦然。因为德性在本性上受到快乐生活的限制；二者不可分离。（LM，132-133）

这一段紧跟着对"我们"（指伊壁鸠鲁派们）为何不选择所有快乐，或避免所有痛苦的解释。"我们……忽略了很多（快乐），因为随后我们会有更大的不便。而且我们认为很多痛苦比快乐好……"（LM，129）在这一论断背后，有一些推证。

伊壁鸠鲁的工具理性

理性和快乐的最大化

设想鲜提颇（Xantippe），伊壁鸠鲁学园的一个学生，她被邀请参加一次盛宴，包括精心准备的鱼肉、其他的肉食品、蔬菜以及最好的酒。鲜提颇在先前已经享受了这些食物，但这时又想要它们。

同时，她吃了这些食品开始消化不良，她还看到人们因为饮酒过量而行为失控，像个傻子。那么，她会决定只吃一点鱼和一点酒，或干脆什么都不吃。她可能正在操练戒酒的德性。现在作为一个伊壁鸠鲁派，她对这些佳肴很节制，不是因为她认为节制有什么内在的善、普遍的德性，或作为某一种可以控制自己欲望的人的内在的善和高贵。相反，她节制，只是因为她相信，这样做会产生快乐高于痛苦的比重。她经过考虑的判断是，即使酒很好，饮酒也很好，但这种享受和快乐却不值得大醉。

在这个例子中，我们想象理性扮演着工具的作用。鲜提颇的目的，不是过最有德性的生活，或因为其中有内在的善而行为良好。她的目的，就是最快乐的生活。理性，在过去经验的基础上发挥作用，归纳性地告诉她在这个问题上达成快乐生活的最佳途径就是放弃或只吃很少一点。她遵从理性不是因为她认为理性是好生活的一个定义性特征，而是因为理性已经作为达成她所预想的目的的可靠手段，即在比重上快乐多于痛苦。如果直觉在达成这一效果上很可靠，那么她就会遵从直觉。

我们又设想，这是鲜提颇在同一周内被第二次邀请参加庆祝活动。她在第一次吃了很多好吃的鱼肉。那么，很快再多吃鱼肉就不那么爽（即使最让人愉快的东西在经过太多重复后，也会不那么愉快）。因此，鲜提颇就不吃了。她想，如果再等一会儿，再去吃鱼喝酒，她肯定会更舒服。这样，她就处于一个更好的位置，去最优地处理快乐和痛苦的比例。

我们假想另一种情况。鲜提颇发现，当她不再食用那些佳肴美酒，而去控制她的饮食入口时，她就会感到身体更舒服，而且能够享受到简单事物和休息，这样就比那些遭受盛宴之苦的人好得多。因此，存在由节制产生的对身体的实际享受。

理性和上瘾

假设更进一步的情况。鲜提颇发现，她喝了越多的酒就越想喝。她已然觉察自己有"粘上"酒的趋势。理性告诉她这样危险，一个伊壁鸠鲁派会将之描述成下列方式：一个自然但不必要的欲望，为了一些好酒的欲望，在她这种情况下面临着变成空洞、空虚和无根基欲望的危险。它很可能变成这样一种欲望，如果未被满足，她将承受巨大悲伤。正像我们所说的，她上瘾了。但很清楚，那还不是一定会成为必然的那种欲望。而就事物的本性而言，没有什么会成为此类欲望的基础。有很多人，他们想喝酒而且很舒服，但没有上瘾。但对她而言，就面临着变成无根欲望的危险。自然而不必要的欲望，是那些"当很难以满足和造成危害时可以驱散"（PD，XXVI）的欲望。而当我们上瘾时却发现，即使那些欲望很难以满足和造成危害，也不会被驱散。

还有一些难以自控的人受到了某些需要的折磨，避免这种需要也是种享受。做酒的奴隶，或不断地去冰箱那里期望拯救降临是没什么意思的。而且，即使对于那些不上瘾的人，纠缠于太多身体的好处也会让他们有可能失控。我们在一个新的方式上臣服于偶然性。股票市场的崩溃和战争的剥夺会随时落到我们头上,从而使佳肴和其他奢侈品几乎不可能获取。"所以习惯于普通事物而不是奢侈品能够造就完全的健康,而且可以使人们适应于生命的紧急事件……同时可以帮助我们在面临偶然性时不必害怕。"(LM,131)

德性和作为工具的理性

在某些原则上,鲜提颇不是一个绝对禁酒主义者,比如说,某些快乐是坏的或不道德的。情况远远不是这么简单。对伊壁鸠鲁派而言,没有快乐本身是坏的,饮酒的快乐当然本身也不是坏的,这是自明的。可是从上面给出的一个或全部理由看来,在大多数时间经常吃些面包和水可能是最好的。这里的"理性"是达到目的即快乐超过痛苦的手段,而且这个目的或目标是明显与理性本身没有任何关系的。

同样可以类推到想把木板牢牢地钉在某处的例子上。人们可以明确这个愿望,以及满足这个愿望的结果,而无须提到锤子和钉子。但是一般而言,锤子和钉子都是达到这一愿望的最佳手段和方式。

对伊壁鸠鲁派而言,理性就像那个锤子。它对于达到我想要的目的和目标而言是一个良好的——可能最好的方式。另一方面,关于伊壁鸠鲁目标本身可能没什么"合理化"。对人而言,想得到快乐是非常自然的。这是他们首要的和原始的或自然的善。这与亚里士多德以及其他许多思想家的对立是清楚的。托克图斯，在西塞罗《论目的》中是伊壁鸠鲁派的代言人，他就拒绝了那种完全符合亚里士多德的斯多亚派的观点："至于你说的那些伟大的德性，若非它们能够产生快乐，那么谁还会认为它们是值得赞扬和欲求的？"①审慎作为我们达到快乐最可靠的指针而得以采用，因为快乐就是唯一具有内在价值的事物。对亚里士多德和斯多亚派而言，德性，尤其是审慎的德性，就是由于它们的内在价值而伟大。但对伊壁鸠鲁派而言，却不是这样。

在和亚里士多德对比之外，和伊壁鸠鲁派的通俗形象的对比也很清楚。伊壁鸠鲁派的通俗形象大约如此：他们通过以下方式追求快乐，比如最大程度地享受最丰富的食物，去通道那里稍事休息，然后回来继续享受，等等。从通俗观点看来，鲜提颇压根就算不上一个美食家。

避免精神痛苦

迄今为止，我们已经想象了鲜提颇所面临的在处理身体快乐和痛苦时出错（无法得到快乐对痛苦的平衡）的可能方式。但正像我们在第三章末尾讨论快乐和痛苦的种类时所表明的那样，存在很多种快乐和痛苦。亚里士多德非常关注使精神痛苦最小化。精神痛苦以干扰灵魂的方式出现，通常就是主要因为错误意见而带来的各种恐惧和错误。其中对诸神的恐惧、对死亡的恐惧以及对我们受制于"命运"的恐惧十分常见。

我们已经表明伊壁鸠鲁如何试图消除我们对诸神的恐惧，他把诸神描述成不关心人类事务而非常关心其他事务。它们是"自由"的存在，不为万物所动，也不会受到人类失败的侵扰。在身后对神圣惩罚的恐惧，因此就没什么根基。对死亡的恐惧，也是没底的。在下一节，我们会仔细讨论伊壁鸠鲁对这个问题的论述。

对命运的恐惧，可以表现为很多种形式。即使今天，还有一些人去占星家那里，咨询占星师，希望从记录在星座上的命运得到有利的报告。还有另一种方式，能够解释"对命运的分配"（LM，133）。比如说德谟克利特，原子论中的决定论者，在所有的原子运动都被决定的基础上否认人类自由（参见第二章）。我们已经考察过伊壁鸠鲁对这些决定论者的回应。这里需要指出的是，他认为返回到关于诸神的老式观念比听从于"科学"决定论要好得多。至少在关于诸神的大众观点看来，通过祭祀和祈祷（它们本身超出我们的控制）来使诸神改变它们的想法以及在我们的努力下改变事件的进程还是有可能的（参见LM，134）。

我们已经详细讨论过审慎或理性生活的主要部分。人们必须克制地或节制地生活，而消除那些非理性的恐惧。伊壁鸠鲁并不假装说这样做很容易。为了达到身体健康和精神安宁，需要具体地实践和持续地关注。如果我们更详细地考察对死亡的恐惧就会发现，要完成这些任务比伊壁鸠鲁所想象的还要困难。

对死亡的恐惧

让你自己习惯于这种想法，即死亡对我们而言没什么。因为一切善恶都来自感觉，而死亡却是消除了所有感觉。所以，死亡对我们而言，没有什么正确理解就这样来享受有朽的生活，即通过消除对不朽的渴望，而不是增加无限的时间。对一个真正明白了对于不存在而言没有什么痛苦的人而言，在生活中就没什么痛苦……死亡，作为所有恶中最严峻的，对我们也没什么，因为当我们还生存时，死亡还未来临，而另一方面，当死亡来临时，我们也就不在了。对还在生存的和死去的人都没什么，因为对前者而言，死亡还没来；而对后者而言，人已经没有了。（LM，124-25）

伊壁鸠鲁花了很大力气来处理对死亡的恐惧。可能有人会认为他说得过了。他似乎认为,这种恐惧是干扰灵魂的最主要的部分,因此为了获得最佳的生活,即那种经常包括精神安宁的生活,必须清除对死亡的恐惧。

作为一种关于干扰人们对种种事物的实证主义观点,这可能会受到怀疑。人们把死亡说成是恐怖的,而且当它临近时,绝大部分人会恐惧,这都是真的。但对绝大多数人的绝大多数生活而言,它不是迫在眉睫的,也不会被考虑。当然,很可能这种特殊的恐惧隐藏在意识之下而在各种行为中得以呈现。比如,对荣誉的追求就反映了人们想追求不朽的潜意识,避免死亡也是这样。

那么,让我们承认它作为干扰因素的重要性,作为在绝大多数人生活中的"灵魂麻烦"吧。在下面继续批判性的讨论前,另外一件事必须得到解释。我们必须假设死亡实际上是终结,之后没有任何东西。但卢克莱修,正如我们所引用的(第25页),提出了复活的可能性。他不再说死亡没什么。他的观点基于以下观念:在前我(the previous self)和后我(the resurrected self)之间的延续性上有一个断裂,前我在某一点已经死去,而后我摧毁了我在前我中所拥有的全部兴趣。但是无论如何,我们需要假设,为了讨论的目的,死亡及其后果被构想而成,它不能包括惩罚和任何其他能被同一个身体所经历的那些事情。因此,在死后发生什么,对任何人都没什么关系。

下面是赤裸裸的伊壁鸠鲁论点。因为在伊壁鸠鲁看来,生活中唯一的善是快乐，而唯一的恶是痛苦，而死亡经历什么都不是，所以当死亡来临时，也不能算是恶。但既然它来临时不是一种恶，那么现在恐惧它就是不理性的。

关于恐惧死亡的对话

为了澄清伊壁鸠鲁的观点，也针对畏死是非理性的观点，让我们来考虑他如何回应，或者通过我们所知道的他的想法来考虑，他会如何回应那些明显的反例。我将把表达反对意见的角色简单称之为"AE"（反—伊壁鸠鲁），而回应称之为"E"（伊壁鸠鲁）。

AE：畏死是理性的，因为即使死后我感受不到痛苦和快乐，但一旦死了，我就感受不到生活的美好。

E：当你死时，你不会遗失任何东西，因为已经不存在可能遗失任何东西的你了。

AE：可是，当我死时，就会不再拥有快乐。我死得越早，我所拥有的快乐就越少。快乐是唯一的善。所以我拥有的快乐越多就越好。如果我死于 80 岁，就比死于 20 岁要拥有更多的快乐。因此，19 岁时去担心下一年而不是 60 年之后死去是理性的。如果我根本不会死，那就比我会死拥有更多的快乐。所以，畏死是理性的。

E："如果用计算来衡量限度的话，无限时间和有限时间包含着同样多的快乐。"（PD，XIX）当一种快乐很完美时，那么扩展它也不会更完美。（甚至还可能产生厌倦的危险！）

AE：最后一个说法不对。时间越长，我能拥有的快乐就越多。每一个快乐都可能是完美的，但如果我的生命很短，就不会有那么多快乐。使一个既定的快乐延续更长时间也许不会使它更好，你把更好的快乐和更多快乐弄混了。难道不是有更多快乐生活就更好吗？

E：你忽略了主要一点。当你死时，就不存在失去任何快乐的你了。

AE：我不太确认是不是我搞错了。无论如何，我不同意你说的。现在为我死后的一些事而忧虑是自然的，因为我死后就不会再在这里防止这些悲痛发生。我会因为这个原因而畏死。

E：这个意义上的麻烦事不是死，而是某种在生命中任何时候都可能发生的东西，即那些超出我们控制能力的糟糕事。在那个意义上，严格说，不是死成为畏惧的对象。

AE：那么你承认我会理性地畏惧可能令我四肢瘫痪的恐怖事件了？难道你不认为它的恐怖就是因为它阻止了生活本来应当具有的繁盛？如果这样，因为同样的理由，那么畏死，尤其是在年轻时死去，就不理性了吗？它阻止了，甚至取消了可能达到的繁盛。

E：虽然四肢瘫痪也还是活着的，所以还能感受到已失去可能性的痛苦。但当他死时,他就不会感到任何痛苦。因此,我能知道恐惧变成四肢瘫痪是怎么回事,但我仍然不知畏死会怎样。

AE:既然你假设为那些将要发生的事而操心是理性的,那么我想你也会假设,人们也会为一些已经发生的事而操心。假设我面临即将来临的死亡,而且我发现,就像托尔斯泰的主人公伊万·伊利西那样,我的生活是一场失败②。死亡就要到来,而我对之又无可作为,我对未来没有任何安排可言。这就是使死亡恐怖和当下恐怖的原因。伊利西不会害怕死后的东西。他恐惧的是他的生活就像一片沙漠,而死亡将取消任何矫正的可能。

E:太不幸了,可惜伊利西不是一个伊壁鸠鲁派。为什么他对自己的生活如此失望?"好好安排自己的生活",仅仅意味着明白清除麻烦想法的需要和实际上需要这样做。他仍然能够完成这些。

AE:我不这么看。他有良心。他知道回不去了,不能重活一次。

E:我不确认我知道你在谈什么。在他所剩余的生活中,他仍然能够拥有最高的善。

AE:这样来想:我们都希望我们的生活会变成某个样子。如果不这样,那么我们会失望。当我说生活会变成那样,并不是说我希望有一系列值得记忆的快乐。你们自己跟西勒尼派争论时说，好生活就是一系列值得记忆的快乐，我们把这些快乐作为唯一的和最高的善来追求。他们把任何关于最高的善的观念从属于瞬间的快乐。而你们不是这样。据说，你们将快乐看成是过去的，而且认为由于灵魂同时受到过去、现在、未来的侵扰而比身体更痛苦，而身体仅仅受到现在的侵扰（DL，X137）。可是，当过去溜走而未来还未到来时又怎样呢？难道一切都不存在了吗？你们可以说，死就是没有未来，包括一个人可以对过去给出新意义，或者形构任何过去的未来。伊利西因此而害怕，因为他的生活就这样失去了。

E：现在就马上告诉他，他已经摆脱了全部麻烦了。同时，让他明白，他已经摆脱了一个人经常被诸神或其他废话带来的错误意见，我猜测，这些正是事实上侵扰他的东西。

AE：如果这样，他就不会注意它了。无论如何，好像是有好些人一方面同意你，死亡就是终点，这些人却也还在恐惧死亡，因为它砍掉了一切可能性。我看不出有什么不理性的。

E：如果你已经获得了精神安宁，就不会再为死亡烦恼了。但你还是为得到你想从生活中得到的那些东西而烦恼。

虽然这位伊壁鸠鲁派在此番对话中说了最后一句，但这并不表明他说了最好的一句和最好的论证，也不能说他的论述没有严重的内在张力甚至矛盾。以下详细讨论。

一些结论

从这个讨论出发有一点可以指出,即伊壁鸠鲁想在他的思考中为确立好生活的幸福概念保留位置,这是一个整全的好生活,也是积极智慧的获得。但同时他还想将身体健康和精神平静置于他所描述的生活的中心。身体健康方面明显是有问题的,精神平静的观念也一样。就快乐问题产生了很多问题,上面已经讨论了其中一些。

无论如何,如果幸福被设想成生活中更加重要的部分(幸福就是这么被构想的),仅仅是达到自由地摆脱思想侵扰的状态,那么它似乎需要不断地更新,这样才能在实际上填充生活更加重要的部分。事实上,这也是伊壁鸠鲁的训导中付诸长时期实践以及让人铭记的部分。伊壁鸠鲁说,一定要这样做,否则无法过上最好的生活。难道这本身不是一个糟糕的想法吗?这个建议似乎遗漏了那些比逃离忧虑更低的东西。一个伊壁鸠鲁派获得平静的努力是处于不断的恐吓中,而这些恐吓又深深地植根于塑造它们的文化里。我们必须尽职尽责地不断建立碉堡、修建要塞来消除那些恐吓。这听上去压根不是什么平静状态!

最后,伊壁鸠鲁对那些侵犯灵魂的内容给出了一个极为有限的叙述。特别是,他似乎并不关注那些侵扰伊利西的烦恼。在他看来,那些烦恼不过是宗教和其他迷信作用的结果。但是无神论者会对托尔斯泰的作品有所共鸣。而且，亚里士多德这位前基督教的、肯定不会为诸神所侵扰的思想家，也认为生活存在着出轨的可能，甚至通过那些无法为行动者控制的事件，这样造成的结果必定是一种不幸福的生活，也就是失去了幸福（eudaimonia）的生活（EN，I，ix）。这种侵扰的可能性到底如何真正在思想中被想清楚？如果它们不能被清楚地认识，那么精神安宁就不能达到。

这些困难在下面的章节中进一步扩展开来。它们部分来源于这样一个事实，即完全能够避免不幸的生活似乎不像是人类的生活。一个在某种程度上具有这种免疫性的生活会遗漏多少最有价值的东西，可能还需要讨论。对很多人来说，一棵真实的圣诞树或一朵鲜花的偶然和脆弱是它们自身价值的一部分。日本的扎花艺术——Ikebana，就是在对这一事实的认识上发展起来的，也是这样得到解释的。

无论如何，使生活免于机运的努力一定会失败。仅仅在精神上使自己脱离自然生活的环境，我们就可以把自己想象成摆脱必定来临的痛苦，并且使人区别于神。

伊壁鸠鲁的思想似乎在积极生活和消极生活的观念之间存在一个深度的张力，前者是理性而审慎的生活，而且充满了对人类美好而适宜的那些东西（足够但不要太多的食物、友谊等等）；后者就是单纯地逃离痛苦的生活。这两种观念是否能够很好地贯穿起来，还不甚清楚。

注释：

① *On Goals*《论目的》I42 cited in Long, *Hellenistic Philosophy*《希腊化时期哲学》(New York：Scribners，1974) p.68.

② Tolstoy, L. "The Death of Ivan Illich" in *The Death of Ivan Illich and Other Short Stories*,《伊万·伊利西之死及其他短篇小说》(New York：New American Library, 1969).

6

On Epicurus ——— 友谊与正义

友谊和快乐

"在智慧为获得整个生活的幸福所提供的一切中,友谊是最伟大的。"(PD,XXVII)西塞罗所描述的伊壁鸠鲁这样说,"在属于幸福生活的内容中,没有比友谊更快乐的了"(西塞罗,《论目的》I 654,I&G 61)。"友谊不但是我们快乐最值得信赖的支持者,而且它还产生快乐,对我们的朋友和对我们都是一样。"(西塞罗,《论目的》,67,I&G 62)

友谊很明显被看成积极快乐的主要来源。它带来的快乐不能被看成是仅仅没有痛苦。西塞罗认为,伊壁鸠鲁那个团体不仅仅是这样宣告的,他们就是这样生活的。"就在一个家庭里——即使是一个小型家庭——伊壁鸠鲁召集朋友们的大型聚会，他们是由对最深的爱的共同感受而聚在一起的。即使现在伊壁鸠鲁派也还在做同样的事。"（西塞罗，《论目的》，65）

在伊壁鸠鲁视角中有一个困难，即友谊似乎有时需要牺牲，还需要对朋友的关注，而这可能牺牲自己。因为每一个体的快乐对那一个体而言都是首要和自然的善，所以这与对友谊的需要有所冲突，因为友谊会把另一个体的快乐当成首要的，而伊壁鸠鲁在快乐上的基本立场是自我论的。在伊壁鸠鲁有关"我们首要的和源初的善"的叙述中，没有任何东西表明他在考虑他人的快乐。

西塞罗指出，这个问题在伊壁鸠鲁的团体中曾有讨论。这里有几种可能性。一些人强调了朋友的实际功用。一种孤独的生活充满了危险和陷阱，而朋友是逃离这些危险和陷阱的途径。

但很快问题就十分清楚，真正的友谊不能被还原为这种实际功用。"全部友谊都是就其自身而言值得选择的，虽然它们开始于需要帮助。"（SV，XXII）而且它可能还需要冒险（SV，XXVIIII）。所以必须承认，实际上，人们可以对朋友的好处具有一般的兴趣，而同时还能关心自己。必须注意，这两种兴趣彼此需要。

○　因为在我们的生活中没有友谊，就无法确保稳定和持久快乐的可能性，也无法保证友谊本身，除非我们像关爱自己那样关爱朋友，从而，这种事确实发生在友谊中,而且友谊和快乐相联系。因为我们像感受我们自己的快乐一样欣赏着朋友的愉悦,像感受自己的悲伤一样忍受着朋友的不幸。(西塞罗,《论目的》I,67,I&G 62)

上述引用在友谊的两种观念间摇摆不定,一种是友谊以个人好处为基础(我的快乐),另一种是友谊包括一种为了朋友的目的而对朋友的关爱。为什么两种观点不能都成立呢?我们假设,一些人会通过实践推理认为,人们应当像关心自己那样关心朋友,而当事实上关爱朋友必须包括比这种推理即关爱自身更多的东西时,困难就出现了。如果我关心朋友是因为我相信这是正确推理的结果,即除非我这么做,否则在我的生活中就不会有持久的快乐,那么我所做的将不再是关爱。

这里出现的问题很大,我们也已经注意到。现在是时候去讨论一些其他的相关话题了。

伊壁鸠鲁的快乐观念和友谊观念

已经提到的一个困难是,友谊产生的快乐在性质上似乎比其他快乐更有价值。这与"所有的快乐都一律平等"不一致(参见 PD,IX)。很难不去猜测,使得友谊对伊壁鸠鲁如此重要的原因竟与快乐无关，而只被理解成单纯的感觉或直接性。这是一个贯穿了伊壁鸠鲁思想的困难。友谊之所以重要的原因，似乎并不是它给我们的"感觉"，虽然有时它确实给了我们一些感觉。它也没有加强痛苦最小化的机会。

更通常的观点是，"快乐"有时被伊壁鸠鲁用作普遍的正面态度的万能器，而其他时候则指特定的感觉。他的理论立场似乎是说，它们全部都应还原为某种感觉，因为正是这些感觉提供了实践真理的标准。但第三章结尾处对快乐的抽样，却足以说明不是所有的正面态度都相近，或包括所有相同的感觉。即便说它们都被定义为快乐，也很不贴切。

对友谊的思考，就把这个问题带出来了。享受我们朋友的快乐到底包含着什么感觉呢？我们肯定会感到些什么，但说我们感到的是快乐，就跟说它产生了我们的快乐没什么两样。这里对概念途径的仔细研究将是非常耗时的。不同态度和感觉的关系需要描述，它们的脉络需要梳理。这项研究包括快乐的不同形态和可感知快乐之间的关系、可感知快乐和完成及掌握这些快乐时的满足的关系及其他，等等。它们共同表明，当然我们也可以讨论，当伊壁鸠鲁在为他的伦理学设置认识论基础时，采用了"快乐/痛苦"框架，而这一模式是自然的，但他并没有在开始考察使生活美好的诸种实际因素如友谊时坚持这样一个框架。从外部看来他的立场是西勒尼派的，但他又拒绝这一立场，而实际上也有这样做的充分理由。

享乐主义的困境

第一个困难和第二个困难是紧密联系的。很多事情本身对我们是重要的,否则就不会给我们任何快乐。托克图斯对友谊的发展提出了以下论述:

> 因此他们(某些伊壁鸠鲁派)说,人们第一次遇见,结成一对,为了快乐的目的想形成某种关系,但当渐增的经验(相互之间的)造成了私人联系的感觉,那么爱恋就到了这样一个程度,即使从友谊中一点好处都得不到,朋友们自己还是为了他们的目的来爱。实际上,如果我们尤其开始喜欢某个特定的位置……狗……公共游戏……仅仅因为熟悉,那么在人们之间的熟悉上发生这样的事是多容易也多恰当呀。(西塞罗,《论目的》I, 69)

这等于同意说,某种行为、位置、熟悉的物体和人被重视是由于自身的原因,而在伊壁鸠鲁看来,似乎它们被重视是因为它们给予了快乐。享乐主义困境表明,这个差异不是可有可无的。

享乐主义困境可以这样描述:如果某人寻求 X(从事某一行动或其他)而完全关心获得快乐,它们将很悖谬地得不到很多或任何快乐。如果你对网球本身没有任何兴趣,而仅仅想得到打网球的快乐,那么很清楚,你从网球里面就得不到任何快乐。

还有更悖谬的例子,如果你喜欢一条狗仅仅因为你能从喜欢它里面得到快乐,那么你就不会从喜欢它得到任何快乐。这可能是一句废话,因为你不会仅仅为了喜欢它所带来的快乐而喜欢那条狗。但是,如果你对狗发展不出任何兴趣,或压根就没有任何兴趣和依恋,相对于伴随着喜欢的那种快乐的兴趣,这种喜欢如何开始?

这一点使对于享乐主义的讨论经常出现。并不是每一种享乐主义都完全认识到这一批评,但看上去似乎伊壁鸠鲁知道。这在他对友谊价值的论述中表现得非常清楚。在思考什么是友谊时,很多伊壁鸠鲁派肯定已经看到托克图斯所说的那些,以及在某一点上不再因为友谊带给生活的快乐而是因为它自身的目标而重视它。实际上,只有当这样时,快乐才能产生。承认这一点就意味着,从伊壁鸠鲁的享乐主义以及它建立于感觉真理标准这一斜面上滑出太远了。

友谊和脆弱

如果友谊具有内在价值,那么失去一个朋友就不能被其他的快乐所补偿。如果在友谊中具有独一无二性,那么失去一个朋友就不能由简单地去再找一个来代替。伊壁鸠鲁所描述的友谊在几个方面增加了脆弱性。"一个有智慧的人在看到朋友悲伤时会比自己悲伤更痛苦，（如果他的朋友伤害了他）他的整个生活将会被……颠覆。"（SV，57）失去（比如死亡）朋友的痛苦，可能不比遭受背叛的痛苦更甚。这些痛苦，对于一个完全避免深厚友谊的人而言，绝不是什么伤害。如果最佳生活的目标是摆脱痛苦，那么营造深厚友谊看上去就不是一件审慎的事情。

正义和相互有利

像友谊一样，正义的价值就经常被另眼看待。为了正义，甚至当做某事不符合自己的利益或甚至造成伤害时，我们也必须承认他人的权利。当然可以证明，可能为了一些人的好处就要限制其他人。如果"好处"被理解成增加快乐避免痛苦，情况就更是这样。奴隶按照他们主人的想法和关注提供大大的快乐和自由，在某些情况下（比如希腊城邦的环境）他们可能会被迫地只获得平静生活的最小需要。然而，现在绝大多数人会认为正义禁止奴役他人。这对奴隶不公平。

伊壁鸠鲁不能通过诉求于他人的权利来保卫我们的正义机制。在他思想中，基本的伦理观念是，每个人都应该做那些使他或她的快乐最大化的事情，无论这些事情包括什么。所以他必定承认，许诺了正义就恰恰有这样做的效果。正义必定是正义的人的好处。柏拉图的《理想国》又再次被引进了，伊壁鸠鲁扮演的是格老孔，他认为正义是"有利的"。

伊壁鸠鲁主张，"来自自然的正义是相互有利的保证，既不伤害别人，也不被伤害"（PD，XXXI），正义就其本身而言，决不高于或超越避免相互伤害这种承诺。

这样，正义就不能被构想成柏拉图所想象的那种"自在物"，植根于宇宙本性的人类生活的秩序。而且"正义"仅仅是人们促进那种朝向安全的个人愿望而安排规则的名义。因为安全的条件在地域和历史时期上彼此有很大差异，那么一个环境中的正义在另一个环境中就不适用（PD，XXXVI）。法律实际上并不导出人们在处理彼此关系中的好处，也缺乏"正义的本性"（PD，XXXVII）。那么，正义在严格意义上就等同于"相互有利"。

伊壁鸠鲁和金指环

假定伊壁鸠鲁的正义概念是这样的，那么他必定会遇到柏拉图在他金指环故事中所提出的强烈反对（《理想国》，BK，Ⅱ）。指环能让他的佩带者隐身，无论犯什么罪，都不会被看见。《理想国》中提供的论证表明，任何人虽然拥有指环就可以经常逃脱惩罚，但还是没有什么理由来避免不义。恰恰相反，柏拉图要用这个例子证明，即使一个戴着指环的人也有理由是正义的。

伊壁鸠鲁没有试图驳倒柏拉图的论证。相反，他拒绝了某些人可以行不义但完全免于惩罚的说法。对伊壁鸠鲁而言，根本就没有什么金指环。很清楚，正是出于对惩罚的恐惧和对自我利益的算计，而且仅仅是为了这些原因，一个审慎的人才是正义的。"那些秘密签订互不伤害协议的人去相信他们能够逃脱惩罚是不可能的，即使现在他们已经逃脱了一千次。"（PD，XXXV）

伊壁鸠鲁的观点不能和社会契约论观点混淆，后者认为，由社会生活所设定的契约责任使得人们对他人负有义务。可能他和霍布斯的观点比较接近，霍布斯强调，对正义规则服从的唯一动机是害怕惩罚。人们让他们自己服从于一个统治者的绝对权力是因为他们看到，若非如此，唯一的结果就是每个人都受到其他人的伤害，于是没有人是安全的。另一方面，在具有正义规则的社会，如果人们遵守这些规则，过上一种相对不受干扰的生活是可能的。伊壁鸠鲁断言，"正义的人最能免于麻烦（处于精神安宁的最高状态），但不正义的人就最受麻烦的折磨。"（PD，XVII）

不正义的人是否能够确保他们免于每一种惩罚是一个经验的问题。在这个意义上，假设存在完全成功的罪犯，似乎是不合乎理性的。在电影《体热》中，凯瑟琳·特纳扮演了一个无情的妇女，她为了财富杀人、撒谎。她对犯罪太熟练了，以至于可以被认为是拥有金指环的人，虽然她并非依靠魔力来完全逃避犯罪过程的任何糟糕的后果，而是靠智慧和远见得以逃脱。在电影的结尾，她安全享受着她一直向往着的奢侈。

但是仍然可以相信，甚至在这种情况下，成功的违法者也没有避开全部麻烦。电影在经典的电影休止符引发的精神黑暗中结束，观众被留在"现在怎么了"的疑惑中。除了在瞬间快乐中放纵外（西勒尼派理想的实现？），即使那个女人不担心被发现，那么她对于满足生活而言还有什么期望呢？伊壁鸠鲁现存的关于不正义坏处的论述没有提供任何答案，而仅仅对是否存在着这样一个罪犯提出了疑问。

但是肯定还能提出一些困难，至少和伊壁鸠鲁的观点相一致。比如他把友谊看成重要的。他可能曾经考虑过这样一个罪犯到底有没有朋友。如果友谊包括让另一个人在他自己的生活和历史中具有最显著的地位，那么那个女人就对友谊没什么指望了。她无法离开她的伪装。可能那种情况能被当成是对灵魂的扰乱和对纯粹精神安宁的阻碍。

为什么伊壁鸠鲁没有考虑这些可能性？在他的著作中没有对友谊特征的细致讨论。可能在他遗失的著作中有一些能和亚里士多德对友谊的细致讨论相媲美。可能伊壁鸠鲁也没有完成那些细致的讨论，因为可能由此脱离他关于快乐这一核心观点。

当我们思考友谊包含着什么时,我们很快又碰上什么至少似乎是内在的善,那些了解他人和可以被人了解的善,比如,没有被明显欲求的善,因为它们是伊壁鸠鲁理论需要意义上快乐的产品。

我们可以证明,不正义的人所遭受的伤害比伊壁鸠鲁所设想的要多得多。有可能失去友谊,仅是其中一项。柏拉图列出了其他的内容。而对这些伤害的思考,会使我们偏离经验的享乐主义,它也推出了不同的正义概念。

7

On Epicurus ——— 治疗哲学

在古代哲学里，从前苏格拉底哲学到最晚期的斯多葛派哲学，将哲学讨论或哲学训练与医疗进行类比是相当常见的。前苏格拉底哲学家恩培多克勒（Empedocles）（约公元前484—前424年）把他的哲学诗描述为包含着对人们有用的"pharmaka"（有治疗作用的药物）（DK，B，111，112）。德谟克利特——伊壁鸠鲁原子论的先驱——宣称，"药物治疗身体的病态，而智慧除去灵魂的苦痛"（DK，B，31）。

亚里士多德在行医与伦理教育之间找到了若干共同点。二者都必须要有一定的实际功效，否则便一文不值，而且二者在专注于特殊、变化的东西时所采用的方式与理论探索所采用的方式不同。伦理学是一种实践探索,是一种"实践事务"(EN, II, ii, 1104a, 7)。

然而,伊壁鸠鲁把原为一种类比的东西转变成事实上的等同,这是无人能及的。伊壁鸠鲁学派把主要学说(prin-cipal doctrines)中的前四条视为"有四重功效的药"(tetrapharmakos)(见拜雷的注释,347)。我们迄今为止所进行的讨论表明,伊壁鸠鲁所有的理论著作和实践著作都旨在形成某种称为不动心的精神上的健康或平静状态,以及身体上的健康状态。伊壁鸠鲁严格地拒斥任何无助于达成这个目的的哲学化努力。而且,他并不认为哲学仅仅是通过诉诸理性而得以发挥作用的。哲学是通过不断的、有规律的接触而得到吸纳与消化的。仅仅认识到一项论证的有效性还不够。一个人必须"日夜践行这些以及与之相关的事务"(LM, 135),必须终其一生坚持不懈,因为得病的危险是持续存在的,"获得灵魂的健康对一个人来说既不会太早,也不会太晚……一个人无论是在年轻时还是年老时都应当哲学化……"(LM, 22)。伊壁鸠鲁使哲学看起来像是一套关于锻炼与饮食的养生法,而由某个真正有知识的人监督。这个权威将要求人们服从他的指示,从而确保人们实行可以达成并保持健康的措施。

我们已经讨论过伊壁鸠鲁疗法中的许多内容。致病因素是对于众神、死亡和我们自身各种欲望的本质所持有的虚假信念。那位哲学家——疗法专家将努力去除这些虚假信念。不过,在导致种种不幸的信念中,有一些信念在这部书中仅仅稍加涉及,这部分地是因为，较之伊壁鸠鲁本人，卢克莱修对这些信念所进行的探讨更为突出。尤其是，伊壁鸠鲁的现存著作中并没有大量讨论有关爱和性的信念。接下来这一章集中探讨伊壁鸠鲁有关爱和性的疗法，并由此在伊壁鸠鲁这位哲学疗法专家与当今世界的医学或准医学疗法所关注焦点中的一大部分之间建立起联系。

伊壁鸠鲁式的性疗法

在伊壁鸠鲁所提到的合乎自然但不必要的欲望中，追求性快感的欲望在大多数人的生活中有着很大分量。伊壁鸠鲁对此不以为然。当一个人为了获得上述这些欲望的满足时，随之而来的是危险和痛苦。我们已经讨论过《罗马教廷警句》中关于这些危险和痛苦的评论。对于寻求爱欲满足这一行为的可能后果或者副作用，伊壁鸠鲁提到对法律和习俗的侵犯（例如，在通奸行为中所发生的情况）、对邻居造成的苦痛、对自己身体的伤害以及对钱财的浪费。可以说，所有这些都是外在的困扰。

卢克莱修在诗意的细节描述中，指出了相同的这些危险："柔软而精巧的西西翁出产的鞋子在她脚上发亮；并且可以向你保证亮晶晶的大块绿宝石会被嵌在黄金上；……而祖先艰难挣得的那份财产则变成发带和头饰……"（Luc. iv, 1125-1130）。

不过，小心提防内在的或心理上的危险，尤其是沉溺于性和爱时所面临的危险，完全符合伊壁鸠鲁疗法的战略构想。我们已经论证过，正是这种沉溺倾向把合乎自然但不必要的欲望变成了无益且空洞的欲望。虽然伊壁鸠鲁认识到精神上的苦痛来自色欲激情，但他并没有全面描述各种心理危险，也没有试图澄清这些危险的根源。而在另一方面，卢克莱修则以生动的诗意语言把典型的伊壁鸠鲁批判所涉及的这个方面进一步加以推进。

卢克莱修宣称，情人们处于一种癫狂状态的驱使下，这种癫狂有一部分是来自生理上的原因。在没有情人在场的情况下，他们会试图通过图像来满足自己（可能是《花花公子》或者《花花小姐》杂志的中心插页），但显然不能真正得到满足。在情人在场的情况下，他们的行为同样是暴烈的。而当欲望得到满足时，这种满足又只是暂时的，是一种"短暂的停顿"，"但不久同样的疯狂就回来，那原来的急暴又攫住他们，他们又再一次找寻着渴望着去获取那他们不知是什么的东西，完全无能为力去找到那征服这恶疾的手段。在这样无目的的状态中，他们就因那不可见的创伤而憔悴。"（Luc. iv. 1116-1120）

卢克莱修所说的"创伤"依托于与爱有关的日常诗意形象和神话，但他从中提炼出一个容易为人们所忽视的事实：即使是"正常的"的性爱，也有着施虐的一面。在关于维纳斯（Venus）的神话中，爱被刻画成由女神施加的一处伤口：

> 肉体就去找寻那个用爱欲
> 来刺痛心灵的对象。因为几乎
> 每个人都是向伤害处倒过去，
> 我们的血液的溅射正是向着
> 打击我们的东西所来自的那个地方。
> 如果敌人就在附近，血就会射中他。
> 这样，谁受了维纳斯的箭所射……
> 受伤者总是竭力倾向那把它伤害的东西，
> 而渴望和它紧贴在一起，向它体内
> 灌注那从他自己体内吸取出来的液体。
>
> （Luc.iv. 1048-1055）

此处将射精比喻成血从伤口处喷射而出，这个伤口是由爱之女神在心上刻下的，而爱的对象则被比作战斗中的敌人！在许多爱欲激情中潜藏的施虐倾向，在性爱过程中得到实际体现。"他们就贪馋地搂抱，口涎混着口涎，彼此喘着气，牙齿压紧对方的口唇……他们如此饥饿地在爱的锁链中互相搂抱。同时他们的肢体在融化着，为强烈的快感所征服。"（Luc. iv. 1080-1083）这种癫狂行为的真实目标是什么？

融合与施虐

"但是这一切都毫无用处,既然他们不能从那里撕取什么东西,也不能使自己全身都渗入对方的肉体……因为有时他们使劲想做的好像就是这个。"(Luc. iv. 1110-1111)处于虚假信念的奴役之下的情人们希望在彼此之间真正获得全面的同一,以他们自身不完整身份的消失来换取合并为一个新的存在者,这也许是一个有着真正整全和一致性的存在者。

柏拉图曾经重述过一个神话,它描述了"男人和女人本身都是不完整的"这一观念:人类曾经是完整的(雌雄同体的?)存在者,但被劈成了两半。自从发生了这一可悲的事件之后,被分开的这两部分就一直在互相寻找对方,希望能够重新融合,重新一体化。当代婚礼中的一个常见仪式也揭示了这个观念:被认为是代表着婚姻双方彼此分离的身份的两根蜡烛被用来点燃另外一根蜡烛,然后熄灭那两根彼此分离的蜡烛。由此产生的唯一一束爱的火焰,经常被假定要"永远燃烧"。

类似这种通过爱得以结合或者融合的观念已经持续了数千年之久。它能够具有某种神秘因素,情人们在其中被设想为一起沉浸于某种神圣的东西之中。爱的"宗教"助长了这一观念。女人尤其会得到神化——当然,也有男人得到神化——变成爱之女神或者爱之神。相当奇特的是,对神的崇拜会转变成野蛮。让·保罗·萨特对于爱有如下论述:

○ 爱不需要取消他者的自由，而是像自由那样奴役他者……虐待狂并非要去抑制受虐者的自由，而是迫使这种自由和肉体剧痛相统一……虐待狂和受虐狂是欲望沉没的两个暗礁……①

萨特在这里描述了将另一个人融入自身的冲动，即使这另一个人仍然保持其个性和自由。施虐和受虐仅仅是一种常见疾病的极端形式，卢克莱修在两千年前用几乎同样的语言对这种疾病进行了诊断。

灵魂的药

爱和性欲所产生的灵魂苦痛和不安，根源于虚假信念。首先是关于情人本身的虚假信念（卢克莱修集中探讨的是男人可能对女人抱有的虚假信念，但女人也可能对男人抱有类似的虚假信念）。荒谬的是，男人们把丑陋转化为美丽；他们努力欺骗自己，试图让自己相信，使得一个女人不吸引人的因素就其本身而言反而是吸引人的。"皮肤乌黑的女孩子，是'蜜样的褐色'；污秽而有臭味的，是'惺松可喜'；眼绿如猫的，就是'巴拉斯的肖像'；肥胖而胸脯隆起的妇人，则是好像'哺育幼年酒神时的丝利斯女神'；塌鼻子的情人是'一个沙脱尔，一个赛里拿斯的姊妹';……厚嘴唇的是'道地甘甜的吻'……"（Luc. iv，1160-1170）苏格拉底身体上的丑陋是无可置疑的。但是，根据色诺芬的说法，苏格拉底开玩笑说，他著名的厚嘴唇让他显得比年轻英俊的克利通布洛斯更漂亮，因为他的厚嘴唇更有利于接吻。苏格拉底把这当作一个笑话，但是对于一个被蒙蔽了的情人而言，这却是在认真地宣称拥有美貌。在与这种带有自我欺骗性质的爱人形象相关的因素中，有一部分是试图把她抬举成一位女神的欲望。因此，即使承认人的不完善性质，爱的宗教也不会受到妨碍，依然畅行无阻。

有一种与此类似的欲望也无视人性特点，促成在有关机体功能所产生的恶臭——这是生理存在不可避免的一部分——的事情上进行自我欺骗。被关在门外的男人（可能是因为女人正来月经）

> 常常把鲜花和花环堆满她的门槛，用茉沃刺娜香胶涂在她骄傲的门柱上，这可怜的人还在门上留下了许多吻痕……但是，如果他终于被允许进屋子，那么只要偶尔有一丝气味飘进那走近来的他的鼻子，他就必定会竭力去找寻一个适当的借口以便马上离开……他发觉自己曾经把任何一个凡人所不能有的东西硬加在这位女士身上。（Luc. iv，1176-1184）

这些幻想和错觉的根源在于周遭的文化。卢克莱修用充满陈词滥调的诗（情人是美慧三女神之一，或是丝利斯，或是赛里拿斯）暗示，我们有关爱的想法不过只是反映了广泛流传的文化幻想，而这种幻想是被诗人利用或者仅仅加以反映的。宗教观念——其中有一些促进了神人合一观念的产生，性在这个合一过程中起作用——也可以在文化当中找到其踪迹。用当代的语言来讲，许多流行音乐、电影、广告甚至一些医疗机构，都在助长这种关于爱的轻率幻想。爱和性的满足，如今不断被描绘成最深刻、同时也是最有必要的满足。

伊壁鸠鲁明确地否认它们的必要性。针对整个文化及其"诗人"、娱乐界人士、爱之神和爱之女神，伊壁鸠鲁提出，他们所认定的对于良好生活具有关键意义的东西，实际上只是一个幻想。但是，仅仅作出这样一个论断，是不可能具有多少治疗效果的。

治疗这些精神疾患所需要的药物，既不是弗洛伊德式的某种深度疗法，也不是由性科学家撰写的、指导我们从新的姿势和更多的满足技巧中所获好处的书。后者可能使那些幻想永远存在下去，而不是治好它们。

我们所需要的仅仅是"提示物集合"（assembly of reminders）（这是 20 世纪哲学家路德维希·维特根斯坦喜欢用的一个术语，他本人就把哲学视为一种疗法）。对人体的生理运行所产生的纯粹动物性恶臭进行讨论，就是这种提示物之一。无疑地，只要把一个人的想法引向"机体功能"和人人都感受到的气味，且不说那些某个性别的人们所独有的东西，神化或者遮蔽爱人的普通人性的倾向，就会被削弱。

对伊壁鸠鲁学说的倾心接受，可能会产生出对于文化腐败的警觉。在这一领域，那种警觉也将有可能具有明确的效用。古代和当代文化无疑都产生过只须经由一些明晰思考便经常能加以清除的态度和信念。我们在前面曾经讨论过，对于卢克莱修来说，把注意力引导到多个不同方面的能力是很重要的。这与伊壁鸠鲁式的疗法专家在这样一种情境下必须做的事情之间有着密切联系。这个疗法专家必须注意到病人已经知道的东西，或者集合起适当的提示物来。

肯定有一个提示物的内容，必须具有明确的伊壁鸠鲁学说性质。我们应当受到提醒，或者自己把注意力引向这一事实：所有真实的东西就是这个物理世界。人类是有朽的，是众多原子的暂时集合。我们当中没有谁是神，没有谁是不朽的，也没有谁值得受到崇拜。我们可能会感到强烈地崇拜另一个人的冲动，我们可能受到某种强有力的文化信息的鼓励，从而具有强烈的倾向，要把我们所有的希望寄托在得到另一个人的爱之上。只要对自己不断重复关于有朽的标准的伊壁鸠鲁格言，并将其牢记在心，我们就能抵挡所有这些烦扰。虽然我们每天都从周遭文化中遭受重击，但我们"无论如何总能够在想象中把一切都拉出来摆在光天化日之下……"（Luc. iv, 1188-1189）。

爱的另一面

但是，卢克莱修也提醒我们注意爱的另一方面。紧随着对爱的幻想的严厉攻击，他断言，存在着使人得到满足的爱和性。他设想这会发生在特定种类的婚姻中。这种设想中的婚姻必须绝对没有任何施虐的因素，也没有控制或融合的欲望。出路似乎在于"相互依存"。

卢克莱修特别强调，追求性欲满足的欲望驱使许多男人变得对女人不体贴，甚至残忍对待女人，这种欲望必须加以矫正，而明确地认识到女人也有性快感的体验将有助于达成这一目的。"不要以为一个女人的叹息都是出自假装的爱情……因为她的动作常常也是情欲引起的，而她在找寻共同的快感的时候就挑动他去奔达爱情的终点。"（Luc. iv, 1192-1196）他对"这种相互依存是合乎自然的"这一观点进行论证，宣称在人类之外的动物里也发现了这种相互依存。他的结论是，"事实再次说明，正如我们所说的，这里面存在着一种共同的快乐"（Luc. iv，1202-1207）。这些评论不仅除去了对伪女神的沉溺心理，也促使人们不那么反感于臭味、打嗝和排泄。当成功地排除了第一种极端情形后，对另一个要求也就容易接受了。

相互依存预示着拒绝进行支配。就其和各种动物的行为一样"自然"这一点而言，相互依存表明对人性极限的接受。在爱和性上的病态、扭曲的眼光以及无望的癫狂行为，总是植根于一种试图超越人类自身条件的欲望。为了实现这种超越，人们试图以与他人融合的方式来克服无法控制的相互差异，或者试图通过一些准宗教狂热来实现这种超越，又或者是通过这两种手段的某种融合来实现。治疗方法在于学着"原谅人类的这些缺点"（Luc. iv, 1191）。我们不是神或女神。当我们充分接受这一点时，我们的心灵就将从烦扰中解脱出来。

爱、友谊和精神安宁：伊壁鸠鲁疗法的内在张力

"……践行这些以及与之相关的事务……你将永远不会有烦忧，而会像神一样活在众人当中。这是因为，生活于不朽幸福当中的人是不会像个有朽凡人的。"（LM, 135）伊壁鸠鲁在给信徒的一封信的结尾这样说道。这可以说是总结了他在这封信的主体部分所提出的建议。但这和我们在前一章中所概述的伊壁鸠鲁疗法的目的是直接冲突的。这是因为，那个目的是要让我们有所放弃，不去追求有朽的存在者所不能达到的生活。伊壁鸠鲁本身的思考或许没有考虑到这个张力，而是存在于伊壁鸠鲁和一个不完全忠实于他的追随者——也就是卢克莱修——之间的讨论中。然而，我们有理由认为，这个问题是内在于伊壁鸠鲁思想的，而卢克莱修正是因为他对病态的爱和性的诊断以及所推荐的治疗方法而成为一个极为优秀的伊壁鸠鲁派思想家。

首先，让我们回想一下在伊壁鸠鲁对友谊的论述中存在的张力。如果快乐是我们首要的、合乎自然的善，如果幸福（eudaimonia）只能通过对这一合乎自然的善进行理性追求而得到，那么，当一场友谊不再产生快乐时，我们也就理所应当放弃它。然而，伊壁鸠鲁并不建议这样做。他认为友谊具有某种内在的价值，因而不能简单地和其他种类的快乐等量齐观（所有快乐都是平等的），也不能按照这种计算方法来对待。人们不免得出这种印象：卢克莱修在爱和婚姻中发现了一些类似于伊壁鸠鲁在友谊中所发现的情况。实际上，卢克莱修所描述的好的婚姻看上去很像好的友谊。

似乎大大有助于深化友谊的一个因素是时光的流转。他人的长期陪伴本身就非常有助于形成深刻的联系。朋友的独特个性、朋友之间的共同利益、朋友的魅力、相貌、和蔼可亲，所有这些在友谊的形成过程中都具有重要作用。然而，随着岁月的流逝，友谊当中出现了新的内容。我们一直都在经历着生命自身的前行。这在许多人看来是很紧要的，但是，基本的伊壁鸠鲁派观点却难以解释清楚生命的前行是如何成为一个紧要事件的。我们已经在前面关于友谊和正义的章节中揭示过这一困难。

在《物性论》第四卷的结论中，卢克莱修通过"水滴石穿"这一意象说明了物质之间的正常联系所具有的意义和性质。这一意象意在表明，随着时间流逝，对于承认"爱人只不过是普通人"这一点构成阻碍的因素逐渐消退。浪漫爱情和执著追求就像火焰，在猛烈燃烧之后又迅速归于熄灭，取而代之的是一种带来极度沉闷感的反浪漫意象。但是，卢克莱修宣称，这才是真正的价值所在。

如果朋友或者配偶以这种方式具有其重要性，那么，他们必然在我们眼中具有某种特殊价值，使得我们以某种方式任由命运摆布，而这是我们本可以避免的，只要我们彻底避开友谊和婚姻联系。如果我们失去这些东西，我们就失去了某种不能以任何方式加以替代的东西，除非我们重新活过，但伊壁鸠鲁的物理学排除了这种"永恒回归"的可能性。但如果我们由于友谊和婚姻而变得更容易受命运摆布，那么，我们显然也没有能够成为享有"不朽幸福"的"不朽存在者"。实际上，我们让心灵由此遭受诸多烦扰。即使我们不在意自己的有朽，我们朋友的有朽也会对我们构成烦忧，而伊壁鸠鲁针对畏死之心的论证则没有触及人们的这种关切。

进一步来说，情人的有朽更加令人烦忧。即使是卢克莱修也没有对这种可能性进行充分的解释。在把婚姻之中的爱情化约为和缓的、平心静气的友谊时，他否定了一种激情和深切依恋的应有地位。这种激情和深切依恋产生了、并且产生于既不旨在实现融合，也不沉浸于宗教狂热的性关系。必须承认，卢克莱修对于爱的病态所进行的诊断，在很多情况下都是切中核心的。在另一方面，确实也存在着突出的爱欲依恋的事例，这些事例是由于其对个性的敬重、对于对方需要的重视、对于局限性的诚实接受，以及与肉体的欢愉和赞美——即使在年纪见长，日渐远离完美的神或女神这种理想状态的情况下也依然如此——相结合的现实态度而著称的。

然而，较之普通友谊，这种热烈依恋也带来了对他人的更大依赖，而且也更易于患得患失。这些热烈依恋也使得在人际关系中获得更加强烈的欢愉成为可能。通过忽视或者排除这种"浪漫情事"的可能性，卢克莱修表明他对伊壁鸠鲁理想——有如神一般地独立于这个充满软弱和众多种类的弱点，并深受偶然性力量摆布的世界——始终如一的坚持。具有讽刺意味的是，正是这种获得独立性的需要，或者一种非常类似并与之相关的需要，促成了爱的病态的产生。希望控制他人，并进而在体现为施虐行为的人际关系中保证自己不受伤害；或者希望获得那种在爱情诗中得到赞颂，但实际上不可能实现的融合，就等于拒绝接受人性的局限。在卢克莱修对于这种拒绝的蔑视和伊壁鸠鲁对于精神安宁（ataraxia）与"不朽幸福"的孜孜追求之间，即使没有公开的对立，却也的确存在着张力。这是因为，这种追求确实反映出一种避免遭受那些必然与接受人性局限相伴随的苦难的欲望。

注释：

① *Being and Nothingness*（《存在与虚无》节录），excerpted in *Existentialist Philosophy*（《存在主义哲学》），J.Gould and W.Truitt（eds.），（Encino：Dickenson，1973：），p.123.

8

On Epicurus —— 伊壁鸠鲁的遗产

伊壁鸠鲁学派盛行于古代世界，以至于许多竞争者感到有必要对此给出一个客观的解释。据说新柏拉图学园的首领阿斯西老斯（约公元前316—前240年）曾抱怨，伊壁鸠鲁学派之所以具有吸引力，是由于"男人可以变成太监，但太监从不会变成男人"（DL, 4.43）。这暗示着，可被理解成一种无欲状态（因而可能是一种"太监"理想）的精神安宁理想，是伊壁鸠鲁学说主要的迷人之处。然而，我们已经论证过，在精神安宁与另一个理想之间存在着张力，在后者中，接受局限性、坦然面对偶然性以及愿意放弃不成熟的对于"神性"满足的渴求具有核心地位。我们可以论证，对于局限性的这种接受是实现完整人性的必要条件，而不是标志着对人性的"阉割"。

无论这种吸引力是什么，它显然不被认为是和那种基督教理想——它们从古典时代末期开始就主导着西方文化——相一致的。直到文艺复兴时期，伊壁鸠鲁理想才重新开始具有地位。当实现这一点时，我们在接下来内容里提到的伊壁鸠鲁思想的各个方面就开始吸引追随者。

对伊壁鸠鲁思想内在张力的概述

如果我们回顾并牢记伊壁鸠鲁思想的某些原则相互之间是如何存在张力的，我们就能更好地理解伊壁鸠鲁思想留给现代人的遗产。现代人对伊壁鸠鲁思想不是全盘接受的，但其中的这个方面或那个方面以或明或暗的方式对许多现代人的心灵具有吸引力。为了进行分门别类地论述，我将在这里回顾一下我们在迄今为止的论述中所指出的主要观点，用序号列出主要方面的内容，并探讨它们相互之间存在的某些张力。

1. 显然，伊壁鸠鲁的物理主义或唯物论，以及他的经验论都是非常根本性的。原子和虚空都是实在。虽然有神，但它们不是传统宗教中的诸神。诸神本身是物质存在，它们在宇宙的创生中不起什么作用，也不管理宇宙的事务。不能通过诸神来解释物理事件，除了由它们自身的物理本性所带来的感觉之外。所有解释在形式上都是机械论的，心灵和目的与宇宙是相分离的，而目的论解释则被完全排除了。因此，伊壁鸠鲁是一个实践中的无神论者和唯物论者。诸神、灵魂或心灵，以及其他任何被认为是"精神的"实体都可以归结为原子的运动。知识本身是以感觉为基础的，而感觉也完全可以解释为原子的运动。

2. 与第一点不同，伊壁鸠鲁为心灵留出了一个不能明确归结为原子运动的位置。某些种类的精神活动仍然是未被解释的。prolepsei（"anticipatory schema"，预先图式）的地位是不明确的，我们也不清楚它们如何能够与伊壁鸠鲁的经验论相协调。然而，它们在伊壁鸠鲁关于知识的论述中起着根本性的作用。卢克莱修注意到，不能通过简单地归结为原子运动，来对注意力这一能力进行伊壁鸠鲁式的解释。对于记忆的解释是稀奇古怪的，但记忆力和预测力对于伊壁鸠鲁的伦理思想来说十分重要。最后，要不是因为那个"偏离"——它本身没能得到解释——的破坏，伊壁鸠鲁笔下的宇宙本可以天衣无缝地按照机械论和决定论运行。这个转向不仅用来解释原子层面以上的物体是如何形成的，而且更重要的是用来解释自由意志是如何可能的。伊壁鸠鲁对于自由意志的坚持与他的唯物论和机械论并不怎么协调，而通过原子偏离这一观念来保留这种意志的努力只不过是一种权宜之计，并不比关于上帝奇迹般介入的说法好到哪儿去。

3. 伊壁鸠鲁的伦理学是快乐主义的。"快乐与痛苦的感觉在伦理学中具有根本意义"这一观念，是基于伊壁鸠鲁的形而上学和认识论观点的。快乐的纯粹感觉——我们不妨称之为"可以引发快乐的感觉原料"——对于伦理学中的真理而言是至关重要的，正如一般意义上的感觉对于物理学或形而上学中的真理而言是至关重要的一样。"快乐是首要、天生的善"这一论断成为一个内涵更大的论断的基础：美好生活实际上是实现了快乐最大化的生活。除此之外，伊壁鸠鲁的伦理学就别无它物了。他的伦理学中没有外在的或神圣的法则。宇宙中没有独立于人类欲望、可为伦理判断提供参考的结构和理性。

由此可以推论，对于人类至善的追求其实不过是把工具理性运用于我们的抉择，以便减轻痛苦，并使总体的快乐最大化。快乐作为一个目的的首要地位是无可置疑的。可以预见的是，正义的观念将被按照自我利益的理性计算来进行分析，从而成为又一个有助于实现快乐最大化的工具。

伊壁鸠鲁哲学的方方面面都从属于他的伦理学。哲学必须是实践性的，与鲜活的人类生活紧密接触。如果哲学不能改变这个世界，那它至少也必须是个人灵魂的良药。作为一种纯粹理论性的能力，理性没有任何价值。

4. 与上述第三点不同或者有张力的是，伊壁鸠鲁强调，人类生活的目标和至善是精神安宁，也就是灵魂的平静与无忧状态。的确，这种状态被认为是使人快乐的。但是，无论它具有什么样的感性内容，此处的关键点在于，这种状态被描述为一种人力所不能及的状态，人们在其中变得像是"不朽的诸神"。追求精神安宁的欲望，看起来像是要努力达到那种绕开了人类条件局限性的状态。

5. 鉴于精神安宁的重要性，由此而来的似乎是，我们尤其应当努力避免陷入深切依恋之中，因为这些情感会使我们遭受烦忧。它们使我们变得具有弱点，而这是不朽的诸神从不会有的。另一方面，无论是在伊壁鸠鲁对于美好生活的论述中，还是在我们所知道的伊壁鸠鲁自身的生活中，友谊都发挥着重要作用。但这和我们上面所讲到的第三点和第四点之间都确实存在着张力。

较之令人快乐的感觉，友谊显然要牵涉到更多的东西。根据伊壁鸠鲁自己的观点，朋友本身就具有其价值，并且可以要求我们作出牺牲，而这种牺牲是不能由伊壁鸠鲁意义上的快乐来加以补偿的。卢克莱修在他关于健康婚姻的论述中进一步推进了这个观点。

在这两种情况下，时光的流逝都产生了某种特定的价值。纯粹自然的、感性的和动物式的存在这一理想预示着一种纯粹的"直接性"（immediacy），但人类生活并不是这样的。伊壁鸠鲁认为，对于一个人（不包括其他动物）来说，精神上的痛苦比身体上的痛苦更大。他的这个观念基于他对于记忆和预测在人类生活中所发挥作用的理解。精神痛苦会通过累积而加重。

从另一面看，某种特定的快乐也可能是由时光流逝所带来的。这种快乐与那些为伊壁鸠鲁提供了真理标准的快乐是极其不同的。这是因为，感觉对于真理标准而言具有根本意义，但感觉在这种快乐当中几乎没有什么地位。

6. 无论是为大众普遍接受的关于美好生活的哲学信念，还是与之不同的哲学信念，都充满了幻想和说教，因而是非理性的。诸如一个人可以通过讨好诸神，或者通过遵循某种永恒的理性秩序，或者通过爱情和与另一个人实现准宗教的融合等手段获得幸福的观念，实际上都是腐坏了的社会秩序的产物，这种腐坏了的社会秩序把人们带离真正的善。伊壁鸠鲁派学者践行一种包括"意识形态批判"在内的哲学疗法，以此作为从痛苦和烦忧中获得解脱的办法。

腐化我们的典型意识形态包括试图绕开人类自身条件所构成的局限性。这种意识形态经常试图阻止我们承认自己是自然存在者，在根本上与其他动物是一样的。我们必须记住，我们是一个纯粹自然的秩序的一部分，其中包括了出生、相对短暂的生命以及死亡。死亡本身不过是那个原子结构——这一结构构成我们当中任何人都具有的个体性——解体了而已。经过这样的描述，死亡对于"我们"——也就是如此这般构成的众多个人——而言，便不值一提了。

我将在以下部分对于伊壁鸠鲁观点的这六个方面进行考察。

文艺复兴中的伊壁鸠鲁派

文艺复兴中的一些发展鼓励了——同时自身也受到鼓励——伊壁鸠鲁主义某些方面的复活。伊壁鸠鲁主义的经验论和机械论（主要观点1）和16、17世纪现代科学的发展很合拍。对目的论解释和亚里士多德的拒绝是这一发展的核心，也是在那个高度所获得的不同形式的经验论的核心。

把人的生命作为一种值得密切关注的现象而重新引发兴趣，这和中世纪基督教关于人的理念很不一样。对古代文艺和文学重新燃起的热情是文艺复兴的一部分。这些特征中有一些在劳伦佐·瓦拉《论快乐》的对话中得到体现。该书写于1431年，比布拉乔利尼发现的卢克莱修的《物性论》晚了14年。对话体本身表现出对修辞学和说服这门艺术形式所具有的价值的信任，而不在于某些抽象原因。那实际上是卢克莱修的信念，在他阐述自己观点时选择一种诗歌形式就可以得到证明。

劳伦佐·瓦拉

瓦拉《论快乐》里的一个主角是伊壁鸠鲁主义者，瓦拉很明显地承认这个角色的地位。他在这本著作中用下列文字来捍卫自己对标题的选择："选择了这个标题而非我可能采用的《论真正的善》（De vero bona），是因为通过整部书，我们探究了真正的善，并宣布它就是快乐（voluptas）。这位朋友可能会问：你真的认为快乐就是真正的善吗？"瓦拉回答说："我是这样认为的……而且用这样的方式来宣布，是为了表明除了快乐之外，没有别的善。"①这听起来当然非常像直言不讳的伊壁鸠鲁主义。

瓦拉的伊壁鸠鲁主义者采用了一种更为有利的考虑，一种基督教而非斯多噶派的视角，他极力把诚实和其他德性凌驾于快乐之上。这位伊壁鸠鲁主义者满足于生活的本来状态。主要观点的第 5 点在瓦拉的思想中实际上被认为是非常重要的，据说可以和基督教对真实生活的理解相一致，一起反对由理性引导的生活。生活——理性的对立很容易和信仰——理性的对立作比较。有信仰的人能够忍受并且享受日常的生活。她不需要通过智力的和精神——苦行的德性达到神的高度。事实上任何想要超越纯粹的人的企图都忽视了耶稣的例子，后者虽然具有神的本质，却没有自视等同于神（《腓力比书》章 2）。

蒙田

对第 5 点和第 6 点的重视在蒙田（1533—1592 年）的著作中是非常清楚的。蒙田很明显是基于这样多少有些正统的信念：即构建于世界中的稳定秩序及其自身能够通过哲学理性予以实现。他那种自我反省的职业并没有对理性抱有这样的自信。恰恰相反，他把"自然"当成对一种非自然道德的残暴要求的避风港，这种非自然道德基于神的旨意或柏拉图哲学的超自然力。他的话是对托克图斯追求"极好或美好德性"企图的回应，这种企图事实上是没有用处的。"这些具有天堂般外表和美好观点的哲学的用途是什么？在这种哲学中人类自身无法构建和奠定基础。这些规则要带来什么样的结果？他们超越了我们的实际，超出了我们的能力。"②如同查尔斯·泰勒所评价的，蒙田开始思考，"遵循一些普遍的模式来生活，是伊壁鸠鲁的智慧和基督教的谦卑应该提醒我们避免的荒诞不经的目标之一"。③因此，在泰勒的论述中，蒙田与瓦拉一样，找到了在伊壁鸠鲁的自然和一种理性的非哲学的生活以及基督教所能接受的限度之间的关联。

伽桑迪

在想到将伊壁鸠鲁主义引进到现代欧洲思想的时候，最有可能被历史学家想起的是皮尔·伽桑迪（1592—1655年）。而在伽桑迪能够使伊壁鸠鲁主义重新复兴之前，他必须摆脱被排除在相当长基督教世界时代之外的无神论和唯物主义对他的桎梏。因此他只是简单地否定了一些伊壁鸠鲁主义的学说，比如世界是永恒的说法。

他吸收了伊壁鸠鲁思想中的原子论、机械论、反亚里士多德反目的论等成分。他的目标是为哲学提供新科学的基础。对于严肃对待科学的人而言，第1点是一个主要的促进因素。但是他也必须避免决定论，因为在他看来，决定论与任何基督教对人的行为的理解相矛盾。伊壁鸠鲁又一次被看成很多学说的同盟，因为对他而言，坚持自由意志是最重要的，即使伽桑迪否认"偏离"会如同伊壁鸠鲁所希望的那样发挥作用。

要想在不接触基督教所反对的思想的同时复兴伊壁鸠鲁有关自然的观点并不容易，而复兴他的道德伦理就更困难了。其中一个困难在于伊壁鸠鲁主义与公共生活的脱离，这一点在伽桑迪的同胞们看来是无法与基督教倡导的责任感媲美的。伽桑迪自己正好希望这样的分离，并且成功地通过"庇护"而在一定程度上实现了这一点。像伊壁鸠鲁一样，在受到对宁静生活、死亡、和麻木的生活状态的诘问时，他不得不为自己辩护。他写道："伊壁鸠鲁不希望让宁静和没有痛苦变成纯粹的迟钝，而是希望在这样的过程中生活的行动能够平静地和快乐地实现。"④因此，在伽桑迪的著作中，我们依然看到伊壁鸠鲁主义在精神安宁和更加积极地参与之间的张力（也是第4点和第5点之间的张力）。

波尔

在现代科学的发展中最重要的人物之一是罗伯特·波尔（1627—1691年）。波尔是一个有责任感的有神论者，同时也是一个"粒子论"的赞成者。虽然"粒子论"不等于原子论，但是在精神层面和一些具体问题上与原子论比较接近。他因此对伊壁鸠鲁表现出很大的兴趣，但同时也对和无神论建立了很强联系的伊壁鸠鲁保持了高度的警惕。他并不相信伊壁鸠鲁主义可以和有神论相比较，虽然伽桑迪在这方面作了努力。

○　虽然我同意我们的伊壁鸠鲁主义者所认为的，世界可能是由大量不可数的单个不可见粒子组成的，这些粒子被赋予了自己的尺寸，形状和运动……但是我完全不相信……伊壁鸠鲁主义偶然的原子集合可以将纯粹的物质世界构建成如同我们这个世界这样的一张如此有序和规整的网。⑤

波尔尤其不相信可以通过各种机械论的解释来满意地说明这个世界，虽然他拒绝了亚里士多德的内在目的论模式。只有上帝的存在可以解释自然现象，但是上帝借助于像自然法这样的方式而不是通过主观臆断。波尔特别受到唯物论和机械论那些解释企图的困扰。

○　我从没看出任何机械发明能够解释，为何那些被带到世界或其他事物的概念框架中的纯粹物质不是我们的感觉对象……更不用说它如何形构和连接抽象物体正确结果的长链条；还能对不可度量的线条以及其他奥秘之物作出坚实的推证。我知道物质和运动可能发挥巨大的、超出普通哲学家易于承认和想象的作用。但我还没有发现，物质的机械力量能有这么巨大，以至于能产生人类知识的能量和行动。⑥

非常有趣的是，波尔提到了不能比较的线，因为在伊壁鸠鲁的观点中没有这些东西。那么这些思想来自何处？波尔以一种非常敏锐的方式紧紧抓住第1点和第2点之间的张力。

波尔并未发表他关于伊壁鸠鲁的著作，可能在很多方面伊壁鸠鲁和无神论有着千丝万缕的联系。波尔显然没有对伊壁鸠鲁的原子论发表什么令人满意的评论，他允许原子论的一部分和无神论相分离而在新物理学意义上展开。

在从17世纪到18世纪的转变中有一个标志，就是到了18世纪新物理学开始兴起时，没有多少人还会担心自己的观点是无神论的，而且越来越多的人开始把无神论看成是对哲学立场有实际价值的。对法国激进的启蒙运动而言，这一点尤其突出。

激进的启蒙主义

文艺复兴中对异教哲学家兴趣的恢复，在启蒙运动中呈现出新的面貌。我们的强调重点一直在"异教",不仅指非基督教,还有非宗教或反宗教。伊壁鸠鲁实践性的无神论产生了新的吸引力。当狄德罗、霍尔巴赫、孔多塞、伏尔泰以及其他很多人认为政治和上述宗教现实处于走向人类完美的途中时,他们都在伊壁鸠鲁那里发现了十分令人高兴的精神食粮。

狄德罗

狄德罗(1713—1784年)把人类生活的发展描述成从物质到能够思考和科学推理的存在的过程,进而滑落为老年、虚弱、死亡和腐化。⑦他的叙述十分强烈地回应了卢克莱修的人类画卷:人类来自统一的母亲自然,它最终产生了掌握理性的存在,但"继而又返回大地"(Luc. ii, 973. 1022)。这是自然主义的,而且在某种程度上采用了简化论的视角。同时,当我们思考宇宙的广大及宇宙作用的力量时,这也是一个能激发某种敬畏的视角(Luc. i, 1030-1037,参见以上第 48 页)。伊壁鸠鲁第 1 点的自然主义,变成了狄德罗和其他启蒙思想家那里举行宗教仪式和准宗教敬畏的来源。

巴隆·德·霍尔巴赫

唯物论、无神论和新物理学完全被霍尔巴赫(1728—

1789年）打包整理在一起。决定论也在其中。很奇怪（有些人会说不协调），他成功地把相当程度的道德热情置于这些观点的理论意涵之上。这是伊壁鸠鲁的热情。他设想自然会说：

> 迷信是徒然无益的！不能寻求使你的幸福超出我为把你置于其中的宇宙的限制……信任这些使你惊喜癫狂的反复无常的神灵是徒然无益的；它们使你的旅程充满恐惧、悲号、幻想。因此要敢于从这种宗教——我的傲慢的竞争者——的束缚中解放自己……重新返回来，浪子，叛逆者返回了自然！她将要安慰你，为你驱除那萦绕不散的恐惧，那令人心碎的忧虑，那围绕着你的疯狂，那使你远离你本该热爱的人的憎恨。⑧

这是对伊壁鸠鲁各个方面的回应，尤其是对其中的第1点、第3点和第6点。

孔多塞、霍尔巴赫或伏尔泰的思想中所包含的不仅仅是对宗教的敌对。在伏尔泰的《坎第德》的结尾，有对伊壁鸠鲁式接受界限的祈祷，有对某些超人类的神圣的高级道德诉求的拒绝，以及对完全培育纯粹人类空间的"花园"的赞同。⑨一种相似的伊壁鸠鲁—卢克莱修式精神遍布休谟的写作。人们必须学会在人类自然所规定的适当限度内生活，同时并且追求知识和道德超越。泰勒说，在这些作家中的新卢克莱修精神，"满足于去除那些不大可能的渴望",[10]因此将它们和上面描述的伊壁鸠鲁第3点和第5点联系在一起。

伊壁鸠鲁方案的其他方面在各个作家中都有体现。享乐主义和回返自然的论调，在法国得到了热烈承认。爱尔维修宣称，"自然痛苦和快乐是全部人类行为不可知的法则"。[11]卢梭发展了通过"文明"和社会败坏自然的伊壁鸠鲁的论题。实际上，卢梭对起源论证有他自己的看法。在他看来，依靠他人的力量，以及它所造成的雄心勃勃的斗争，就是人类败坏的根源。[12]即使伊壁鸠鲁的影响和精神没有被提到，在这些内容中，那也是显然存在的。

19 世 纪

伊壁鸠鲁体系的全部方面都在19世纪重新得到阐释和开发。甚至精神安宁观念，在启蒙运动中几乎根本不会与伊壁鸠鲁联系起来，也发现了一个像叔本华（1788—1860年）这样的朋友。叔本华通过艺术来寻求拯救。他认为，审美沉思把我们从竞争斗争中营救出来，而且

> 无穷无尽的意志之流,把知识从意志的束缚中解脱出来……然后,平静——我们总在寻找,但又总是从我们身边溜掉——转眼之间自愿地呈现在我们的面前,而且,它与我们相处得天衣无缝。它是没有痛苦的感觉,是伊壁鸠鲁夸奖为至善和神的状态,在我们逃脱了意志的可怕压力的那个时刻,我们庆祝意志的惩罚性奴役状态的安息日:伊克西翁的轮子静止了。⑬

叔本华的意志的"无情压力"的说法回应了伊壁鸠鲁描述的关于悲惨的生动画面,那是为了争夺声望和权力而造成的。叔本华也追求一些像精神安宁的东西,以作为从那种压力的解脱。

但叔本华是一个例外。伊壁鸠鲁的世俗方面,即他的唯物论、机械论、对自然生活的呼唤,以及对社会败坏自然的批判,都在现代思想家那里得到回应。在卡尔·马克思那里,无神论、唯物论、对怀疑和对意识形态批判的控制等等,伊壁鸠鲁方案的很多方面都体现出来,但恰恰没有对精神安宁的回应。

卡尔·马克思

马克思(1818—1883年)的博士论文题为"德谟克利特和伊壁鸠鲁自然哲学的差异"。他的注意力集中在二者关于决定论和自由意志间的差异。马克思表明自己偏向伊壁鸠鲁的观点，即一些原子运动是自发的。考虑到马克思一般被认为是某种类型的决定论，这一点值得特别注意。

马克思很明显地认可了实际的侧重点，即伊壁鸠鲁的"实用价值"。他对黑格尔思辨和本质上保守思想的失望，与伊壁鸠鲁对任何配得上实践哲学这一名义的思想特别重视十分类似。黑格尔实际上在用哲学来美化现实。马克思希望批判现实，改造现实。伊壁鸠鲁对亚里士多德引以为道德来源的城邦采用了相似的批判态度。尽管有很多差异，但在马克思和黑格尔、伊壁鸠鲁和亚里士多德这两组关系上还是存在很多相似性。

马克思不断强调，仅仅当哲学表明它能够改变世界时才能被判定是正当的。改变的第一步是对败坏意识的反思，它植根于由社会遗传给每个人的全部思想和生活方式中。所以，伊壁鸠鲁方案的第3点和第6点在马克思身上还是很明显的。

马克思尤其受到了伊壁鸠鲁反宗教的鼓舞。他嘲笑了伽桑迪试图基督教化伊壁鸠鲁的做法。他写道，"这正如一个人想要在希腊名妓雷伊斯（Lais）的皎洁美好的身体上披上一件基督教尼姑的道衣"。[14] 对他来说，伊壁鸠鲁是与自然生活的宗教败坏相斗争的战士。"哲学，只要它还有一滴血在它的征服世界的、绝对自由的心脏中跳动着，它将永远像伊壁鸠鲁那样向着它的反对者叫道：'那摒弃群氓的神灵的人，不是不诚实的，反之，那同意群氓关于神灵的意见的人才是不诚实的。'"[15]

根据伊壁鸠鲁，思考诸神的唯一价值在于这一事实，即他们是超脱理想的实例，而这正是人类生活自身的理想。在马克思看来，人类生活的最高状态就是向外映射出一个人造的神，而不仅仅是由人们自身来拥有。他们观点的相似点，就和他们的差异一样明显。

马克思的亲密伙伴——恩格斯，又恰恰通过回忆卢克莱修批判了宗教对爱和性的神秘化。"因此性爱和性关系都被尊崇为宗教……同他人交往时保持纯粹人类感情的可能性，今天已经被我们不得不生活于其中的社会破坏得差不多了……我们没有理由去把这种感情尊崇为宗教，从而更多地破坏这种可能性。"⑯

意识形态批判这一概念对马克思、恩格斯以及直到现在的马克思主义者都很重要，而它在很多方面都回应了伊壁鸠鲁或卢克莱修的社会批判。社会因素和机制使我们异化了自己。清楚的思考，不受意识形态和形而上学的阻碍，以及冷静的唯物论都是有能力充当判断来源的。即使到今天仍然非常受欢迎的马克思主义概念（还有哈贝马斯等），也可以看成伊壁鸠鲁思想具有更长期合法性的表现。

功利主义的享乐主义

在 19 世纪对伊壁鸠鲁观念最显著的复兴，也许可以在边沁和约翰·斯图亚特·密尔的享乐主义的功利主义中找到。

边沁：朴素的快乐

边沁（1748—1832年）强调，快乐的标准的地位是原始感觉。他很清楚，对他观点的反对者有两类人，"一类是道德主义者，一类是宗教人士"。第一类在"对荣誉和名声的憧憬中"生活，第二类被以下恐惧所激发："恐惧，迷信幻象的产物；对脾气坏易报复的神性所造成的未来惩罚的恐惧"等。哲学家属于第一类，因为他们过于骄傲，以至于不承认原始快乐的基础地位，即"这些是人体器官的，或他们的起源很容易被还原成人体器官的"。⑰绝大多数宗教信仰者明显属于第二类。

正如我们所阐述的，这正是纯粹的伊壁鸠鲁派。边沁的观点采用了纯粹伊壁鸠鲁的假设：被解释成感觉的快乐是伦理的基础。实际上，他比伊壁鸠鲁本人更为一贯地坚持这个观点。我们已经详细讨论过这一观点中的一些困难。比如说，我们从边沁那里得知友谊的快乐，或人们掌握中文的快乐，究竟如何是"器官的或很容易还原为器官的"就非常有趣。

边沁也认为，伦理学中理性的使用是纯粹工具性的。像伊壁鸠鲁一样，他想象着一个有道德的人是能够衡量快乐和痛苦，并且按照最大化快乐最小化痛苦的原则进行选择。也像伊壁鸠鲁一样，他拒绝把任何内在价值赋予凌越于其他快乐之上的某一种快乐。所有的快乐，即使是那些疯狂的虐待狂者的快乐，在它们自身都具有同等的善。

但是，出于享乐主义的原因，那些带来痛苦的快乐必须被放弃，正像鲜提颇所认识的那样。避免任何快乐和获取任何痛苦的唯一理由是对这样做的理性计算，这样就能够最大化全部快乐和最小化全部痛苦。因此边沁的"享乐主义微积分"里，那些获得最大权重的快乐和"纯度"有着同样的性质，而"纯度"可以这样定义："它具有不被相反种类的感觉所跟随的机会，也就是，快乐不为痛苦跟随；痛苦也不为快乐所跟随。"⑱边沁对快乐的微积分所包含的内容给出了比伊壁鸠鲁还细致的陈述，但他叙述的精神还完全是伊壁鸠鲁派的。更确切地说，除了在一个非常关键的方面外，他是个伊壁鸠鲁派。

边沁认为，人们对共同体的幸福有兴趣，而不仅仅或主要关注个人幸福。伊壁鸠鲁却不这样认为。即使伊壁鸠鲁提升了友谊的价值，也尊崇相互奉献的共同体，但他从来不认为行动的动机是对共同体的善的关注，或"最大多数人的最大幸福"。如果这样，他会为了光明正大地追求那些善，强迫性地从平静的退隐生活中走出来而进入到公共生活中。这实际上是边沁视为理所当然的，所以我们所引用著作的名字是"道德和立法的原则"也就不足为奇。立法者是公众人物，而不是处于平静退隐的哲学家，而且功利主义思想对现代自由派政治家具有深远的影响。

但边沁对人们具有公共兴趣却没有给出什么有力的论证，而伊壁鸠鲁至少有一个原始论证来支持他的观点：（未曾败坏的）个体仅仅为他们自己的快乐和痛苦所驱动。肯定可以论证说，边沁从伊壁鸠鲁那里区别开来的是不被承认的道德来源，尤其是，"爱你的邻人"的基督教观念已经达到了世俗地位，变成了18、19世纪公平行善的观念。

而且，边沁似乎是一个心理享乐主义者，而非规范享乐主义，因为他认为实际上人们往往以关注快乐和痛苦，包括其他人的快乐和痛苦为动机。但是，他的思想来源于伊壁鸠鲁，还是清楚而明显的。

密尔：更高的快乐

约翰·斯图亚特·密尔的功利主义显然来自边沁。但密尔（1806—1873年）开始相信，为了避免曾带给伊壁鸠鲁以及之后功利主义的反对者所持有的批评，对边沁享乐主义进行一些限制是必要的。伊壁鸠鲁受到批评，是因为据说他把猪一样的快乐当成人类的善的基础（LM，131）。同样的功利主义的批评者抱怨说，"假设生活（正像他们——功利主义者所表达的那样）没有高于快乐的目的——没有更好更高贵的对象值得欲望和追求……"，就等于认可"……仅仅以卑贱为价值的学说，这和那些伊壁鸠鲁的追随者，在很早期的阶段，有些相似……"⑲

密尔严肃地对待这一批评。我相信,他的回应是对上面已讨论过的第 3 点和第 5 点张力关系的反思。密尔通过区分高等快乐和低等快乐,并声称功利主义希望最大化高等快乐予以答复。他否认在效果上所有快乐都平等,这样就和边沁区分开来。但我们还不能清楚地断言,通过这个区分,他就远离了伊壁鸠鲁。虽然伊壁鸠鲁认为,所有的快乐都是平等的,但他实际上给友谊一个不平等的地位,也就是密尔视之为"高等"快乐中的一种。

这个困难有广泛的分支。那种想把伦理学置于某种纯粹自然的比如自然的厌倦和欲望基础上的企图,很快就会陷入"什么是自然"的困难。一个婴儿的饥饿痛苦和吃饱的快乐是足够自然的,但他们肯定和自我牺牲的友谊不可同日而语。至少,从我们所描述的后者怎么能够来源于或产生于前者是非常难以自明的。但恰恰是后者及它的相似成分,将主要导致幸福。密尔十分正确地看到,为了避免享乐主义的反对者所描述的那种动物般或婴儿式的状态,必须承认这种性质上的区分。但是他自己关于高等快乐、低等快乐如何区分的叙述,还未经哲学审查。

而且,一方面是被社会机制所败坏的人类自然;另一方面是自然的未经损坏的人类生活,一旦我们承认了存在"高等"快乐,这两方面的对立就开始消除。因为那些快乐被证明是预设了相当程度的社会发展的,而且它们在不同文化中呈现为不同的样式。比如说，友谊的形式，婚姻的形式，在各个文化中就不是一定的。这个事实说明，有别于"自然"的其他东西在我们关于快乐和人类生活的善的观念中发挥着作用。当然可以证明，密尔伦理学的全部经验基础受到了高等快乐、低等快乐区分的损害。这一困难和伊壁鸠鲁的困难是平行的，伊壁鸠鲁在说明友谊时，一方面把它看成似乎是自然的；另一方面又被看作是以"感觉"为模型的（第 3 点和第 5 点之间的张力）。

克尔恺廓尔的"A"：一个纯粹的伊壁鸠鲁方案

一个纯粹的享乐者的生活是个什么样子？克尔恺廓尔（1813—1855 年）试图"从内部"来回答这个问题，也就是说，通过一个仅仅被称之为"A"[唯美主义者（Aesthete）的简称]的虚构人物的文章和日记来回答。[20]一个唯美主义者，在克尔恺廓尔某种写作技巧的意义上，是那种试图完全为了享乐而活的人。快乐是唯美主义者首要的和原始的善。正像克尔恺廓尔所想的那样，"A"恰恰是一个规范的而非心理主义的享乐主义者。因为他发现，在实现快乐最大化目标时有很多困难。一个享乐主义者的生活需要偕同的努力和天赋。一些人选择了其他方式的生活（比如说在《或此或彼》第二卷所描述的那种尽职尽责的布尔乔亚式的文官生活），而"A"会嘲笑这些人。

主要的阻碍之一是厌烦。最强烈的快乐和比较轻柔的一样，都很容易被消磨掉。这似乎是伊壁鸠鲁没有充分承认的享乐主义所遇到的困难。那么，人们在一生中到底能获得多少"平静和不受干扰"呢？在他生命的最后，伊壁鸠鲁回想那些令人刺激的谈话。那些谈话使他的生活有价值。我们可以假设一个好的谈话需要某些干扰的不存在，但肯定不能说，使那些谈话很美好的是不存在干扰的。使之美好的是对于谈论对象的内在兴趣、谈话伙伴的智慧以及其他等等。

那么，现在，这类东西还能提供多久的满意呢？答案可能仁者见仁，智者见智，也就是说，这要取决于耗尽那些满足交换的资源的速度。一个人的头脑越有才气，越强烈，他也就越快会受厌倦的折磨。"A"很显然是这样一个聪明而有天分的人，他可以很深入地挖掘每一种快乐的资源。他一直寻找的就是，厌倦是一种持续的伤害。这一发现迫使他采取策略去切断伊壁鸠鲁生活观中某些张力的支脉。

因此，"A"坚持认为，人们将避免无比忠诚的友谊，首先是婚姻。可以论证，他的立场比伊壁鸠鲁更像是伊壁鸠鲁。正如上面所指出的，如果我们允许对友谊持较高评价，正像伊壁鸠鲁所做的那样，我们就将自己置于不快乐的道路上。我们会对失去朋友或被拒绝异常敏感。而且，在"A"愤世嫉俗的观点看来，如果我们在一个人身上花费太多时间，就很容易会厌倦。虽然"A"强调了他的最后一个观点，从策略的多样性还可以清楚看出，为了避免厌倦，他预设了他同时追求的是免于各种痛苦。像伊壁鸠鲁一样，"A"鼓吹一种似乎主要是在避免痛苦，而不是在积极意义上提升快乐的享乐主义。他尽其可能地来实行他的计划，而且看到了伊壁鸠鲁仅仅是隐藏着或压根没有提到的困难。

"A"留恋于时光的流逝。由于它们在时空中的延展，伊壁鸠鲁声称精神痛苦比自然痛苦更甚，这一点已经由"A"以极为精巧的笔法详细阐释了。比如说,那些不愉快回忆的痛苦，仅仅可以通过学会控制人们自己意识内容的方式才得以避免。这个任务在实践上是不可能的。

悖谬的是，"A"终于发现他自己参加了"被埋葬的人的社会"。因为享乐主义者有足够的想象力，每一个快乐在它开始前都被用完了，生命也就在开始前结束了。避免厌倦的斗争使一个完美主义者"盘旋"在他的生存之上，从而也不会完全实现。他不能成为自己的"直接性"。

直接性指那些不受任何事物干扰的享受状态，包括思想和反思。如果过一种直接的生活被证明是不可能的，那对完美主义者而言将预示着生命的终结。精神安宁可能也会在埋葬中终结。我们又返回到西勒尼派对伊壁鸠鲁观点的描述，那似乎是在赞扬尸体的状态。"A"表明这种描述可能在先前从未有人完全认识到的方式上是恰当的。

结　论

伊壁鸠鲁的哲学并未像柏拉图和亚里士多德的著作那样博得哲学家们的赞扬，尤其在 20 世纪。上面提到的他思想中的张力，以及他理论基础中的巨大鸿沟为这一事实提供了某种解释。但是在他的方案中还是有些东西在过去吸引了大量的注意。这里对伊壁鸠鲁遗产的简要梳理仅仅涵盖了表面。而且，在现代世界有很多对伊壁鸠鲁派的回应。唯物论和心灵本身作为自然存在的观念，吸引了很多当代的科学家。

还有一些观点在直观上是吸引人的，比如最好的生活是某种意义上快乐最大化的生活。这个观点似乎是让人高兴的，它不虚伪，很实在，也很健康。似乎这个理想有着持久的吸引力。难道我们已经成功地超越了伊壁鸠鲁的洞见了吗？

淹没于时下书店中文字作品的泛滥可能对自我发展、心灵和身体健康、去除干扰影响的技术有利，但它们并未在本质上完全超出伊壁鸠鲁。而且，这也无法体现他深刻的社会意识，以及他对于更广泛的科学、哲学框架所需要的意识等等。

同时，那些功利主义的复杂的当代哲学思考，也失去了使伊壁鸠鲁那么鲜活、自然和不加伪饰的成分。快乐概念所遇到的困难已经由功利主义对"偏好最大化"的形构中得以解决，从而被引进到理性选择理论中去。对很多人来说，这似乎至少就是伊壁鸠鲁享乐主义的最后归宿。

那么，这样总结一下可能比较公正，在伊壁鸠鲁唯物论、经验论和享乐主义中最基本的张力和困难，已经不再是赞成这些观点的当代哲学家们满意解决的那些。另一方面，这些观点的吸引力在现在比以往更加强烈。值得注意的是，伊壁鸠鲁对现代哲学一无所知，却能够发展出在多个方面和现代科学所发现的世界相吻合的思想体系。似乎对很多人而言，那个世界也同样是特别适合某种享乐主义的功利主义伦理学的。

注释：

① Cited by M.de P.Lorch, "The Epicurean in Lorenzo Valla's On Pleasure（瓦拉《论快乐》中的伊壁鸠鲁主义者）" in *Atoms, Pneuma and Tranquillity*（《原子、精神和宁静》), M.Olser（ed.）（Cambridge：Cambridge University Press, 1991), p92。

② From Essais（F 896), cited in C.Taylor, Sources of the Self（《自我的根源》)（Cambridge MA：Harvard University Press, 1989), p.180。

③ Taylor, ibid, 译注：可参照《自我的根源》, 271-272页"以某种普遍模式来生活，就是那些异想天开的目标中的一种，伊壁鸠鲁的智慧和基督教的谦卑都警告我们要避开它们"。

④ Cited in L.T.Sarashohn, "Epicureanism and the creation of a privatist ethic in early seventeenthcentury France（"17世纪早期法国的伊壁鸠鲁主义和私人伦理的出现"）", in Osler op.cti, p.194。

⑤ From *Origin of Forms and Qualities*（《形式和性质的起源》),

cited in J.J.MacIntosh. "Robert Boyle on Epicurean atheism and atomism,（"波尔论伊壁鸠鲁的天神论和原子论"）" in Osler, op.cit.p.206。

⑥ From the Boyle Papers，2：15，cited in MacIntosh, op.cit pp.216-217.

⑦ Cf.Reve de Alembert，cited in Taylor，op.cit.p.349.

⑧ Cited in Taylor，op，cit.p.327，译文转自《自我的起源》，页499-500。

⑨ Voltaire，Candide（《埃第德》），R.M.Adams，ed.and trans.（New York：Norton，1966），pp.76-77.

⑩ Taylor op，cit，p.346，译注：参照《自我的起源》，页529，"新卢克莱修精神满足于卸掉无法实现的渴望的重负"。

⑪ From de l'Homme，II，vi，Cited in Taylor，op.cit.p.328，译注：参照《自我的起源》，页501，"肉体的痛苦和快乐是所有人类行为的未被认识的原则。"

⑫ Rousseau，J.J.，Discourse on the Origin of Inequality（《论人类不平等的起源》），trans，Donald Cress（Indianapolis：Hackett，1992）。

⑬ From *The world as will and representation*（《作为意志和表象的世界》），cited in Taylor，op.cit.p.444 译文转自《自我的起源》，页693，有改动。

⑭ Karl Marx，"*Preface and Notes to the Dissertation*，（'博士论文序'）" in *Karl Marx：Selected Writings*《马克思选集》，D.Mclellan（ed.）（Oxford：Oxford University Press，1977）.p.12 译文转自：《马克思博士论文》，人民出版社，1961，"序"。

⑮ ibid，译文转载同上。
⑯ From Friedrich Engels, *Ludwig Feurbach and the End of Classical German Philosophy*（《费尔巴哈和德国古典哲学的终结》），cited in M.Nussbaum, The Therapy of Desire（Prnceton：Princeton University Press，1994），p.140.译注：译文转自《马克思恩格斯选集》，第四卷，页230-231，人民出版社，1972，译文有适当调整。
⑰ Bentham，J. *An Introduction to the Principles of Morals and Legislation*《道德与立法原理导论》,Bruns and Hart,eds.（London：Univer-sity of London Press，1970），ch，II，sec，5and 6.
⑱ Ibid，IV sec.6.
⑲ Mill.J.S，*Utilitarianism*（《功利主义》），（Prometheus Books，1987），p.17.
⑳ "A"的生活观主要是在克尔恺廓尔《或此或彼》第一卷得以呈现的（Howard and Edna Hong，trans.Princeton：Princeton University Press，1987，），以"旋转法"（Rotation Method）为题的部分是这里评论的主要来源。

On Epicurus ——————— **缩略语**

伊壁鸠鲁的现存作品能在一个晚上读完。对他思想负责任的完全的浏览,需要引用其他古代作家和评注者。伊壁鸠鲁绝大部分作品存于笛奥根尼斯·拉尔修,书中用于引用的缩略语列表如下。除了注明引自英伍德和吉尔松,所有引用伊壁鸠鲁的翻译都由作者完成。

Bailey：拜雷,《伊壁鸠鲁：现存作品》(这一著作包括LH,LM,LP,PD,SV 以及其他残片,还有广泛的评注。作者对伊壁鸠鲁的所有翻译采用了拜雷的希腊本子,以及他的行码和部分的字码)。

DK：H. Diels 和 W. Kranz 编《沃尔索克拉底克的残片》。

EN :《亚里士多德的尼各马可伦理学》,卷、章还有贝克所标注的行数(比如,I, iii, 1095a 5)。

I&G: Inwood, Brad, and Gerson, L. P（ed. and trans.）,《希腊哲学导读》(包括西塞罗、迪奥根尼斯·拉尔修及其他作者的节选,在本书中它们被标以原来的标题和页码)。

LE:《伊壁鸠鲁的生活》(引自迪奥根尼斯·拉提乌斯)，按照拜雷标记的页码。

LH:《伊壁鸠鲁"致希罗多德的信"》，拜雷的章节数（比如 LH，53）。

LM:《伊壁鸠鲁"致麦努塞斯的信"》，拜雷的数码。

LP:《伊壁鸠鲁"致庇索克勒斯的信"》，拜雷的数码。

Luc：卢克莱修《物性论》，后面是章节数和行数（比如 Luc. iii，323）。

PD:《伊壁鸠鲁的主要学说》，引用为原始页码（比如 PD，XXI）。

Phys.：亚里士多德《物理学》，卷数、章数，以及贝克的行数（比如 Phys. I，ii，32）。

SV:《罗马教廷警句》，罗马教廷对伊壁鸠鲁片段的收集，原始数码。

On Epicurus　——　参考书目

A. 伊壁鸠鲁的作品

C. 拜雷:《伊壁鸠鲁现存作品》,拜雷译注,牛津大学出版社,1926年。

第欧根尼·拉尔修:《名哲生平》,洛布经典系列,哈佛大学出版社,1925年。

卢克莱修:《物性论》,洛布经典系列,哈佛大学出版社,1975年。

乌西诺:《伊壁鸠鲁》,斯图加特,1887年。

B. 其他引用作品

亚里士多德:《尼各马可伦理学》,洛布经典系列,拉克姆译,剑桥,1926年。

亚里士多德：《物理学》，罗森编辑，牛津，1950。

边沁：《道德与立法原理导论》，布鲁斯和哈特，伦敦大学出版社，1970年。

库柏：《理性与情感：古代道德心理学和伦理学》，普林斯顿，1999年。

佛里：《希腊原子论者》，普林斯顿，1967年。

古德和特维特：《存在主义哲学》，西诺，1973年。

茵伍德和吉尔松：《希腊哲学导论》，印第安纳波利斯，1988年。

琼斯：《伊壁鸠鲁主义传统》，伦敦，1989年。

朗：《希腊哲学》，伦敦，1974年。

马克思：《马克思著作选》，牛津，1977年。

密尔：《功利主义》，纽约，1987年。

密特斯：《伊壁鸠鲁的伦理学》，康奈尔大学出版社，1988年。

努斯伯：《欲望的治疗》，普林斯顿，1994年。

奥斯勒尔：《原子、精神和宁静》，剑桥大学出版社，1991年。

卢梭：《论社会不平等的起源》，印第安纳波利斯，1992年。

休菲尔德和斯泰克：《自然的规范》，剑桥大学出版社，1986年。

泰勒：《自我的根源》，哈佛大学出版社，1989年。

悦·读人生 书系

生为人，成为人，阅读是最好的途径！

品味和感悟人生，当然需要自己行万里路，更重要的是，需要大量参阅他人的思想，由是，清华大学出版社编辑出版了这套"悦·读人生"书系。

阅读，当然应该是快乐的！在提到阅读的时候往往会说"以飨读者"，把阅读类比为与乡党饮酒，能不快哉！本套丛书定位为选取国内外知名学者的图书，范围主要是人文、哲学、艺术类。阅读此类图书的读者，大都不是为了"功利"，而是为了兴趣，希望读者在品读这套丛书的时候，不仅获取知识，还能收获愉悦！

"最伟大的思想家"

北大、人大、复旦、武大等校30位名师联名推荐,集学术性与普及性于一体,是不可多得的哲学畅销书

 京东购买

 当当购买

 当当购买

 京东购买

聆听音乐(第七版)

耶鲁大学公开课教材,全美百余所院校采用,风靡全球

 当当购买

京东购买

大问题:简明哲学导论(第十版)

全球畅销500万册的超级哲学入门书,有趣又好读

艺术:让人成为人
人文学通识(第10版)

被誉为"最伟大的人文学教科书",教你"成为人"

 当当购买

 京东购买